Un Monument à la « bonne Louise »

MM. Anatole France, Francis de Pressensé, Edouard Vaillant, Paul Brousse, Lucien Descaves, Gustave Geffroy, Henri Turot, Th. A. Steinlen et Ernest Vaughau viennent d'adresser à M. le président du conseil municipal la dépêche suivante :

Monsieur le président,

Nous venons solliciter du Conseil municipal de Paris l'autorisation d'ériger, sur une place de Montmartre, la statue de Louise Michel, en qui le sculpteur Emile Derré a personnifié la bonté et le dévouement.

La place des Abbesses, par ses dimensions modestes, les souvenirs qui s'y rattachent, son caractère d'intimité familiale, nous semble plus particulièrement indiquée.

L'hommage que nous désirons rendre à l'admirable femme si justement appelée « la bonne Louise » et dont l'abnégation, le courage avaient conquis la sympathie et le respect de tous, recevra, nous en avons la conviction, l'adhésion unanime de la population parisienne.

Dans l'espoir de voir notre demande favorablement accueillie, nous vous prions d'agréer, Monsieur le président, l'assurance de notre considération.

13 juin 1907

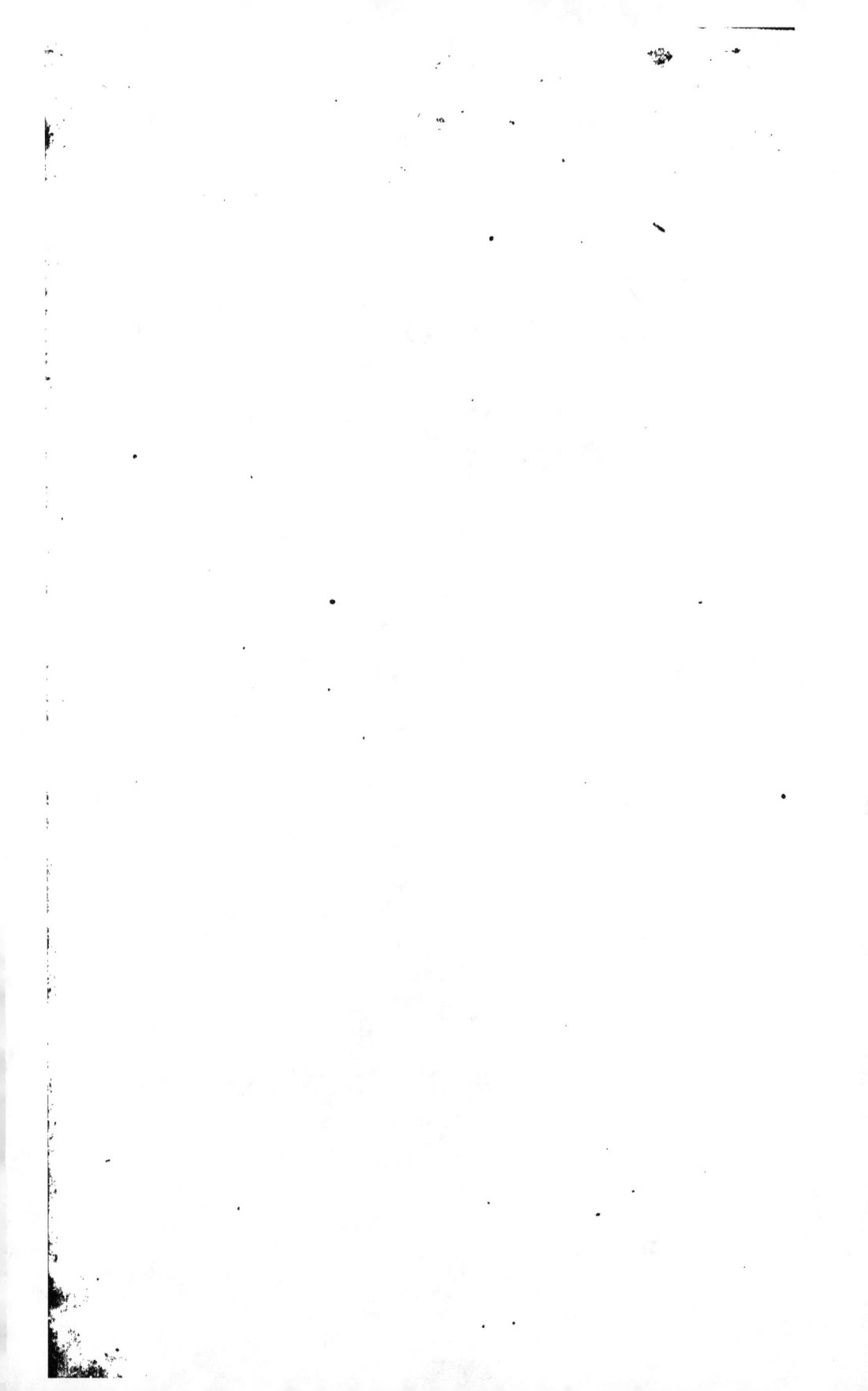

LÉGENDES

ET

CHANTS DE GESTES

CANAQUES

Avec dessins et Vocabulaires

PAR

LOUISE MICHEL

———

PARIS

KÉVA ET Cᵒ, ÉDITEURS

7, RUE BERTHOLLET

1885

Souvenir à ma Mère

Presqu'île Ducos 1874

LOUISE MICHEL.

LÉGENDES ET CHANTS

DE

GESTES CANAQUES

Baie N'ji, 26 juin 1875.

Océan.

La nuit tombe sur la baie silencieuse et dans l'ombre aboient les brisants.

O mer ! devant toi l'esprit s'apaise, souffrir même n'est plus rien, savoir est tout.

Mais saurons-nous jamais ? La science est une torche entre les mains des éclaireurs ; à mesure qu'on la porte en avant, l'ombre se fait en arrière.

1

Au fond de quel gouffre aller chercher la vérité?

Est-il une utopie qui ne devienne à son heure réalité? Est-il une science qui ne doive se transformer? Qu'importe, cherchons toujours, l'horizon s'éclaircit.

En attendant, disons à la vieille Europe les récits de l'enfance de l'humanité.

Presqu'île Ducos, (Nouvelle-Calédonie),
Juin 1875.

Aux Amis d'Europe.

Vous avez l'Edda, les Sagas, le Roman-
cero, les Niebelungen; nous avons ici des
bardes noirs chantant l'épopée de l'âge
de pierre.

Et comme on disait, comme on dira
toujours peut-être, pour exprimer la dé-
faite ou la mort: nos bardes noirs disent
comme les vôtres : *les chants avaient
cessé.*

Vos philosophes discutent la possibilité
d'une langue universelle choisie parmi
les langues mortes, nos peuplades de l'â-

ge de pierre font et *vivent* cette langue,
en prenant chez les Anglais, les Français,
les Espagnols, les Chinois, pêcheurs de
Trépang, leurs mots *d*'usage, et en leur
donnant des leurs.

Quand ce dialecte bizarre, qu'on
nomme *Bichelamar* (biche de mer) du
nom de l'holoturie, objet de commerce
de la côte, aura ses conteurs et ses poëtes,
il deviendra une langue tout comme une
autre; — l'anglais y domine.

Il ne faut pour cela que le caprice
d'un de ces bardes dont nous parlions. Si
Daoumi, Canaque de génie à qui je dois
une partie des légendes, n'était pas mort,
il l'eût fait peut-être, afin de donner aux
tribus ayant chacune son dialecte un
moyen de s'entendre: d'autres le feront
peut-être; toute idée se retrouve.

En attendant, le bichelamar se borne à
des vocabulaires incomplets (mais très-

commodes) : il a souvent de riches constructions : *le Diahot du ciel*, *le fleuve du
ciel*, la voie lactée.

Voici comment naquit *cette langue universelle* de notre petite langue de terre.

Les Canaques avaient remarqué que
les hommes jaunes, aux yeux obliques, des
jonques ; les hommes blancs, ou basanés
aux voix rauques, des navires, se concer-
taient ensemble pour bien des choses qui
ne plaisaient guère aux *tayos* (amis) ; ils
ont saisi les mots le plus souvent répé-
tés (n'importe de quelle langue) des pé-
cheurs de trépang, et comme ceux-là
rendaient service à ceux-ci, tout le monde
a donné son mot au nouvel idiome (dont
les Européens, bien entendu, revendi-
quent la paternité).

Vous avez vos cartes, sur lesquelles
vous voyez la Nouvelle-Calédodie se pro-
jetant obliquement du Nord-Ouest au

Sud-Est, longue d'environ 400 kilomètres, large d'un peu moins de 16.

Vers 400 lieues à l'ouest, c'est l'Australie ; à l'est les Fidjies et les Loyalties ; au nord les Nouvelles Hébrides et les îles de Belep.

Un double rempart de récifs nous environne, s'élargissant au nord.

A travers les madrépores et les bancs de sable sont des brèches, dont deux assez considérables pour permettre l'entrée aux navires.

Pendant longtemps, ces brèches ont dû être closes, et soit un débri de tribu sur une épave de sol, soit des fugitifs venus d'île en île, les habitants pouvaient se croire le premier et même le seul peuple du monde.

Par les grands clairs de lune, se dressent devant les flots les menhirs volcaniques de la forêt ouest, et les niaoulis aux troncs blancs tordent leurs bras sous les cyclones.

Accroupis sur le sable au bord de la mer, les Canaques qui apportent nos vivres font cuire dans un trou (avec du bois de rose) les maigres racines du magnana.

Le travail des polypiers continue, sourdement, et les jours se versent sur les jours.

Et nous, pris par le grand silence, par les flots, par le désert, c'est à peine si à l'igname nouvelle, nous songeons à retourner le sablier.

Echappée de vue.

Autour du feu de bois rose j'ai appris quelques mots répandus dans les tribus ; par exemple, les phrases par lesquelles les tayos se saluent et se disent adieu.

Anda, ien pê, — *Anda diemuna pê* (dis donc où vas-tu ?)

Hô la hem ! adieu.

Hô hô hô ! au revoir (comme bonne chance).

Piala, approche, viens.

Tamé, viens ; — *Dialep,* va-t'en.

Dalaên, que c'est blanc (signifiant que

c'est beau) ! peut-être par allusion à la blancheur soudaine du matin sans aurore.

Pe tarou, dépêche-toi.

Tâ? comment? *sâ*, ici.

Maté, malade.

Maté, maté, mort.

Pé iné, porte à moi (de l'île des Pins).

Chamar do, beaucoup.

Nomb rou, on ne peut plus nombrer.

Lélé, beau.

Théô, tonnerre généralement répandu.

héama, chef.

Takata, médecin sorcier.

Néto, tonnerre (harmonie imitative dans laquelle nous retrouvons nos syllabes mêmes.

Quelques phrases en un seul mot contenant je ne sais quel souffle d'Illiade — *boïma*, je t'en prie.

1*

Autour du foyer de bois de rose et de santal, j'ai appris aussi que du côté qui regarde *Kouné* (l'île des Pins), dans la tribu des Taourous, il y a trois mers *piquinini* (mers enfants) expression bichelamar signifiant mers petites ; ce sont des lacs. Ils se tiennent au même courant d'eau, passant de l'un à l'autre, comme un fil qui attache les grains d'un collier, dans la plaine de Yaté, au pied des montagnes.

Je sais qu'en suivant le rivage jusque plus loin que le pic des morts, il y a de belles montagnes, des *pikininis diahots* (petits fleuves), et que sous le grand soleil les crevasses s'étoilent dans les montagnes, brillantes de paillettes d'or. Il faisait bon *ammo* (hier) sur les bords des rivières ; mais *némod* (aujourd'hui) pour les tayos, *Ah ! Ouâch !!*

De l'autre côté, où nous avons Bourail,

il y a eu grandes tribus ! *némod pas lélé* (pas beau) qu'y faire ?

Dalaen nahou, méa neehende, que c'est blanc, matin ! rouge, soir !

· Les Canaques de service à la presqu'île venant de divers points de la Calédonie, mêlent chacun son idiome au bichelamar. Le chat est indifféremment *poussy* de l'anglais ou *Couli* des tribus, ou chat.

Regarde est louk ou kâlo.

Quelques-uns des mots répandus paraissent d'origine étrangère. Piquinini (enfant), qui ressemble à l'italien, se dit chez les noirs des Antilles *piconino*.

Nemo, rien (femme), n'a-t-il pas une origine latine et n'exprime-t-il pas le sentiment général ?

Popinée (également femme ou objet d'utilité) se trouve en Italie et signifie poupée (popina), le contraire d'utilité.

N'est-il pas étrange que le *Thoth* égyp-

tien, le *Teutatès* gaulois, le *Théos* grec,
le *Tabbé* (magicien) samoyède, le *Takata*,
médecin sorcier canaque, *Théo*, le tonnerre canaque, *Théama*, chef suprême
des tribus, n'aient une même origine?
Trouverions-nous un vieux peuple au lieu
d'un nouveau.

Une autre chose remarquable, c'est le
grand nombre de mots arabes (ne signifiant pas les mêmes choses, mais étant
dans l'oreille) qui se trouvent dans les
idiomes des tribus :

Anda (dis-donc) en canaque.

Anda (elle aura) en arabe.

Ainsi les notes de la gamme se trouvent
éparses dans toutes nos mélodies ; mais
quand on a entendu l'Arabe Cherchel (qui
garde les chèvres de la presqu'île) et le
Canaque de Changouene (qui vient fau-
cher la brousse pour le camp militaire),
nombrer l'un ses chevreaux, l'autre ses

bottes d'herbe, d'un même accent guttu-
ral, on est frappé de l'analogie (non plus
des syllabes, cette fois), mais de son et de
rythme.

De plus, on retrouve dans la musique
arabe et dans les chants canaques le
quart de ton que les cyclones ont donné
aux Calédoniens, le simoun aux Arabes.

Quart de ton qui nous arrache d'abord
la gorge, quand nous essayons de le
prendre avec les *Tayos*, et dont on se dé-
shabitue si vite, notre oreille n'y étant
point accoutumée.

Hier, comme ils étaient venus tout
courbés sous le poids des vivres et s'en
retournaient allégés, l'un d'eux cueillit
une fleur d'un grand trèfle sauvage de la
brousse, et la regardant, rêveur, il marchait, chantant à demi voix les paroles
d'adieu des tribus.

Holà hem hô hô hô ! il répétait les mêmes-syllabes, y égrenant les quarts de ton comme les gouttes de pluie sur les feuilles.

Les autres se taisaient, tous baissaient la tête et ils s'en allaient tristement par la brousse déserte, les grands niaoulis, leur arbre sacré, levant sur eux leurs bras blancs tordus par les vents.

Ils marchaient lentement, les pauvres noirs. — Est-ce que la Calédonie nouvelle aurait aussi son Shakmrock ?

Quelquefois, on entend au bord de la mer l'un sifflant un air, les autres accompagnant en sons filés ; leur souffle, si faible quand ils essaient les chants d'Europe pour les premières fois, se déploie là avec puissance. Cette mélodie du désert est belle.

Les montagnes calédoniennes ont différents aspects ; celles de l'île Nou sont des buttes arides et rouges, des sortes de mornes ; du côté opposé sont des sommets tourmentés, arrachés, tordus, les uns s'élevant en pics, les autres se creusant en cratères.

Les lignes de faîte sont affolées, les croupes prennent toutes les formes du rêve.

Devant Nouméa, les mornes, couchés dans la rade, la gardent, pareils à des sphinx. Autour de la ville sont des buttes au sommet bleu ; plus loin, le mont d'or crevassé de terre rouge, fouillé d'abîmes est magnifique.

Et toujours des sommets derrière des sommets perdus dans les nuages.

Du côté du mont d'or, est une montagne dont le sommet a été ouvert comme pour former un V ; les deux parties, en se rapprochant, se retrouveraient exactement. Le ravin de gauche, surmonté d'un rocher, a sa continuation à droite ; où le rocher violemment arraché a laissé un trou béant, il n'y aurait qu'à rejoindre les deux cîmes et à remettre le rocher dans son alvéole. Il pend sur le vide, n'étant que l'extrémité d'une énorme roche.

Les richesses calédoniennes seraient les mines, les bois précieux, contre lesquelles ni sauterelles, ni cyclones ne peuvent rien, et peut-être les vers-à-soie du ricin, peut-être des essences d'arbres et bien d'autres choses, qu'on pourrait essayer sur ce sol où vit la légende.

A la pointe ouest de la presqu'île Ducos, sur de petits mamelons encore couverts de coquillages marins et de plantes tenant des fucus autant que de l'herbe, c'est la forêt ouest, plongeant de trois côtés dans la mer. Du côté de Tendu est un chemin de laves, entre les palétuviers, et une petite côte couverte de sapinettes ; du côté de l'île Nou sont des rochers

volcaniques, debout comme les menhirs
de Carnac. A la marée basse, on peut
tourner autour de la forêt parmi ces rochers étranges.

Quelques rares endroits ont conservé
leur enchevêtrement de forêt vierge, car
à la forêt ouest, on a pris pas mal d'arbres pour bâtir à Tendu et à Numbo,
deux villes de bois et de briques crues,
comme celles de nos pères ; de là aussi
vient le bois dont nous nous servons jour-
nellement.

La forêt est donc sapée presque partout;
à la pointe extrême, pourtant, autour d'un
cap de rocher imitant un fort, s'est ré-
fugié la sauvage végétation dans le silence sauvage.

De petites abeilles noires, velues, et qui
ne se servent pas de leur aiguillon ou
l'ont trop court (comme nos serpents
d'eau ont leurs crochets), volent sur les

fleurs rose pâle, (velues aussi) du petit prunier sauvage, à l'ombre des lianes qui enlacent les arbres et retombent jusqu'à terre. Là, s'abritent du jour des roussettes, enveloppées de leurs ailes comme d'un manteau espagnol, suspendues par les pieds, et qui ressembleraient à d'énormes poires, si leur jolie tête de renard, aux yeux étincelants comme des diamants noirs, ne remuait de temps à autre.

Comme vos bois sont rouges de fraises au printemps, les places d'ombre sont pleines de petites tomates grosses comme des cerises, tranchant sur le vert noirâtre des feuilles dentelées.

Aux places où les arbres coupés ont laissé les rochers nus, ils se dessinent avec les formes les plus fantastiques : les uns couchés, pareils à des monstres de granit ; les autres, comme des ruines de forteresse ; on dirait une ville détruite.

Sur tout cela croît la bruyère rose (mousseuse comme vos roses) et charmante ; sur tout cela s'enchevêtrent des lianes, la richesse de la flore calédonienne.

Le sol aride disparaît sous les arabesques de feuillage et de fleurs variant de formes à l'infini, presque jamais de couleur ; elles sont généralement blanches, quelques-unes jaunes.

Toutes les fleurs que vous connaissez ont leurs analogues dans celles des lianes ; vous y trouverez la fleur du pommier avec la feuille du lierre.

Un grand nombre ont la fleur du jasmin, quelques-unes la feuille ; il y a des imitations de chèvre-feuille et un houblon échevelé envoyant, à des distances énormes, ses rameaux mêlés à ceux d'une clématite aux fleurs d'or ; une liane à feuilles de vignes n'a pour fleurs que de petites étoiles d'un blanc verdâtre ; mais

sa graine est enfermée dans une baie,
d'abord d'un vert éclatant tacheté de
blanc, puis d'un rouge vif ; elle se couvre de milliers de pendants d'oreilles tombant sur ses feuilles, découpées comme
celle de la vigne (c'est la liane de corail.)

La feuille de vigne domine ; elle appar-
tient encore à une sorte de liane aux
fruits jaunes, allongés, contenant des
graines guillochées, enveloppées d'un peu
de chair vermeille.

Une liane dont la feuille de trèfle, un
peu épaisse, casse comme du verre, a
pour fleur, suspendue à un fil, vert une
sorte de corbeille qui ressemble à la fleur
vivante du corail.

Une autre est couverte de fuchsias blancs
réunis en bouquets si serrés qu'elle fait
l'effet de la neige sur ses branches.

La liane à pomme d'or, dont les fruits
ont le goût des nèfles, a la fleur de l'oran-

ger avec des feuilles lancéolées d'un vert presque noir. Sa graine, de la grosseur du chenevis, est noire et couverte de petits bouquets de cils rudes.

La liane d'argent, aux grandes feuilles satinées d'un blanc d'argent, a la fleur de la mauve de couleur jaune.

Un taro sauvage, aux feuilles pareilles à des fers de flèches, se tord parmi des milliers de lianes. La liane du houblon, flottant sur les arbres à travers l'espace, franchit de grandes distances ; une clématite aux fleurs jaunes, des lianes aux feuilles de cigüe, s'accrochent les unes aux autres.

Sur le sol rampent le magnana, aux nervures solides comme des cordes, et une foule de végétations pareilles à de grands fucus ; plusieurs ont d'énormes grappes violettes ressemblant aux raisins de mer. Si on rejetait l'Océan sur la forêt, ces plantes-là y vivraient très bien. Attendent-elles le flot ou en sortent-elles?

Quelques grands arbres sont restés au centre ; un figuier banian enlace le bloc de rocher où il a pris racine.

L'arbre est vieux, la pierre s'emiette, les insectes, le vent, le temps ont amassé sous ses arcades une sorte d'humus; dans les fentes des rochers, des tribus de fourmis rouges dominent, mais il y a de tout, des araignées, des mille-pieds, des vers qui ne peuvent être là que pour être mangés.

Aux environs, quelques bois de fer, des bois de rose, un vieux dragonnier, qui va un de ces jours saigner toute sa sève sous la hache. Des fourrés de toutes sortes d'acacias à fleurs jaunes, quelques variétés de lilas perse, un olivier aux fruits vernis, une multitude d'arbustes aux feuilles vernies, pareilles à de la soie gommée. Presque partout, dans la forêt comme dans la brousse, un arbuste aux fleurs et aux feuilles de pomme de terre ayant de petits tubercules à sa racine, qui me paraît une belladone arborescente. Des morelles, des tomates sont partout ; sur les pentes, des fouillis de lauriers-roses aux fleurs aussi petites que celles de l'hortensia, réunies en bouquets ; ces fleurs ont la raideur du papier. Un arbuste est tout chargé d'œillets blancs, grands comme des myosotis. Des chênes nains viennent ou s'en vont ; la terre est aux ricins, aux lianes, aux bruyères, aux fougères, aux arbres vernis, et surtout à un arbuste au bois blanchâtre et creux, aux branches garnies de houppes rudes, dont la fleur d'héliotrope est charmante, et dont les baies en forme de mûres ont un goût de cassis parfumé.

Vers le milieu de la forêt ouest, un

grand arbre à l'écorce lisse, aux feuilles de cerisier, épaisses et presque noires, aux branches légères, les étend horizontalement sur un grand espace.

A quelque heure du jour que ce soit, il y a toujours là une ombre fraiche et douce, quoique cette place ait été dépouillée de toute autre ombre.

Je n'y ai jamais vu d'insecte, quoique chaque arbre ici ait le sien, ou plutôt les siens ; peut-être la sève des arbres où ne va nul insecte pourrait-elle être inoculée contre les insectes.

Quelques acajous aux fruits rouges ou jaunes abritent d'énormes ronces, dont la mûre est couverte d'une efflorescence blanche pareille à du sucre.

Je ne sais pas pourquoi je préfère à vos fruits d'Europe nos pommes d'acajou, qui sentent un peu le vert, les figues qui sentent la cendre, les prunes sauvages

dont la chair n'est qu'une pellicule, et les mûres blanches, qui ne sentent rien, des grandes ronces de la forêt.

Peut-être, à la ville de Numbo, les bananiers plantés par les déportés viendront-ils malgré la sécheresse du sol; à coup sûr, les dattiers d'Afrique s'y plairaient. — Cette année, tous nos papayers ont eu la jaunisse; quatre de ces arbres, *vaccinés* avec de la sève, ont eu cette maladie et sont réchappés; ils se portent bien.

La grande terre est plus fertile. Les bananiers, les cocotiers, dont nous avons quelques-uns au bord de la mer, y sont en assez grand nombre.

Les palétuviers ont de nombreuses variétés et sont d'un bel aspect; les uns sont chargés d'amandes rouges, les autres de paquets de feuilles roulés comme des cigares.

Là-dessous, entre les racines qui leur

forment des arches, s'abritent de gros crabes, et des serpents d'eau rayés bleu et blanc ou noir et blanc, dont les crochets sont trop courts pour mordre.

Une grosse araignée à soie barre avec conviction tous les chemins, et il est de fait que son cable est très-fort pour une araignée, et de la plus belle soie du monde; il brille comme de l'argent.

Voici une autre araignée grosse seulement comme un pois, pareille à un rubis, transparente comme une goutte d'eau.

Une autre encore file, sur les arbres, un cocon soyeux de la grosseur d'une noix, on dirait d'énormes perles ; de là dedans sortiront ses petits, quelques-unes portent cette boule avec elles.

On raconte sur l'araignée brune une histoire étrange ; les petites araignées qu'on voit dans sa toile, sont ses esclaves dit-on, ce sont elles qui raccommodent le filet endommagé ; il y a quelquefois quatre ou cinq petites araignées dans la toile de la grosse brune.

Qu'en ferait-elle ? si elle ne les faisait pas travailler ? à moins qu'elle ne les mange, comme faisaient nos aïeux des captifs enfouis dans leur garde-manger des cavernes, et comme font en temps de famime ou de colère les tribus que nous surprenons à l'âge de pierre, et les naufragés.

Nous avons vu travailler les petites araignées, la grosse étant immobile. mais nous n'avons jamais surpris ce qui se passe au moment d'une capture, et nous ignorons si elles travaillent pour leur compte dans la toile de la grosse.

Voici de petits scorpions inoffensifs, pour l'homme, comme tous les animaux de la nouvelle Calédonie.

Un aspic pareil à ceux d'Afrique, mais

se contentant d'être laid, et aussi d'atti-
rer les insectes avec une patience abomi-
nable, il faut que la malheureuse
bestiole arrive, elle a beau tourner,
tarder, se débattre, elle ira vers l'aspic
qui ne bouge pas et l'attend jusqu'à la
fin.

La mouche bleue, de la grosseur d'une
forte guêpe, en fait autant avec les can-
crelats, ce sont ses animaux de basse
cour ; elle vient les chercher jusque dans
nos cases, leur crève les yeux, et mar-
chant à reculons, les entraîne dans son
trou où elle les suce.

Un insecte charmant, c'est la mouche
feuille, on dirait l'extrémité d'une jeune
branche au printemps, c'est je crois, la
phyllis des climats brûlants.

J'ai vu une seule fois, et poursuivi
longtemps sans l'atteindre, un insecte
aussi semblable à une fleur que la phyllis

est semblable à une feuille, plus semblable cent fois que le papillon.

Mais je n'ai pu l'atteindre à cause des
fourrés dans lesquels il a disparu.

Le niaouli a un ver absolument pareil
à la couleur de ses branches, ce doit être
ce ver, qui devient la libellule du même
arbre, complètement de la couleur des
feuilles.

L'herbe elle-même a sa chenille portant sa livrée, deux lignes vertes dans
toute la longueur de l'insecte.

Aucune des chenilles que nous avons
conservées, et dont nous avons attendu la
métamorphose, n'a encore donné le papillon bleu, le plus beau des papillons
calédoniens.

Nous n'avons pas vu le papillon blanc
pendant les deux premières années de
notre séjour à la presqu'île Ducos, et
maintenant ils sont en grand nombre.

2*

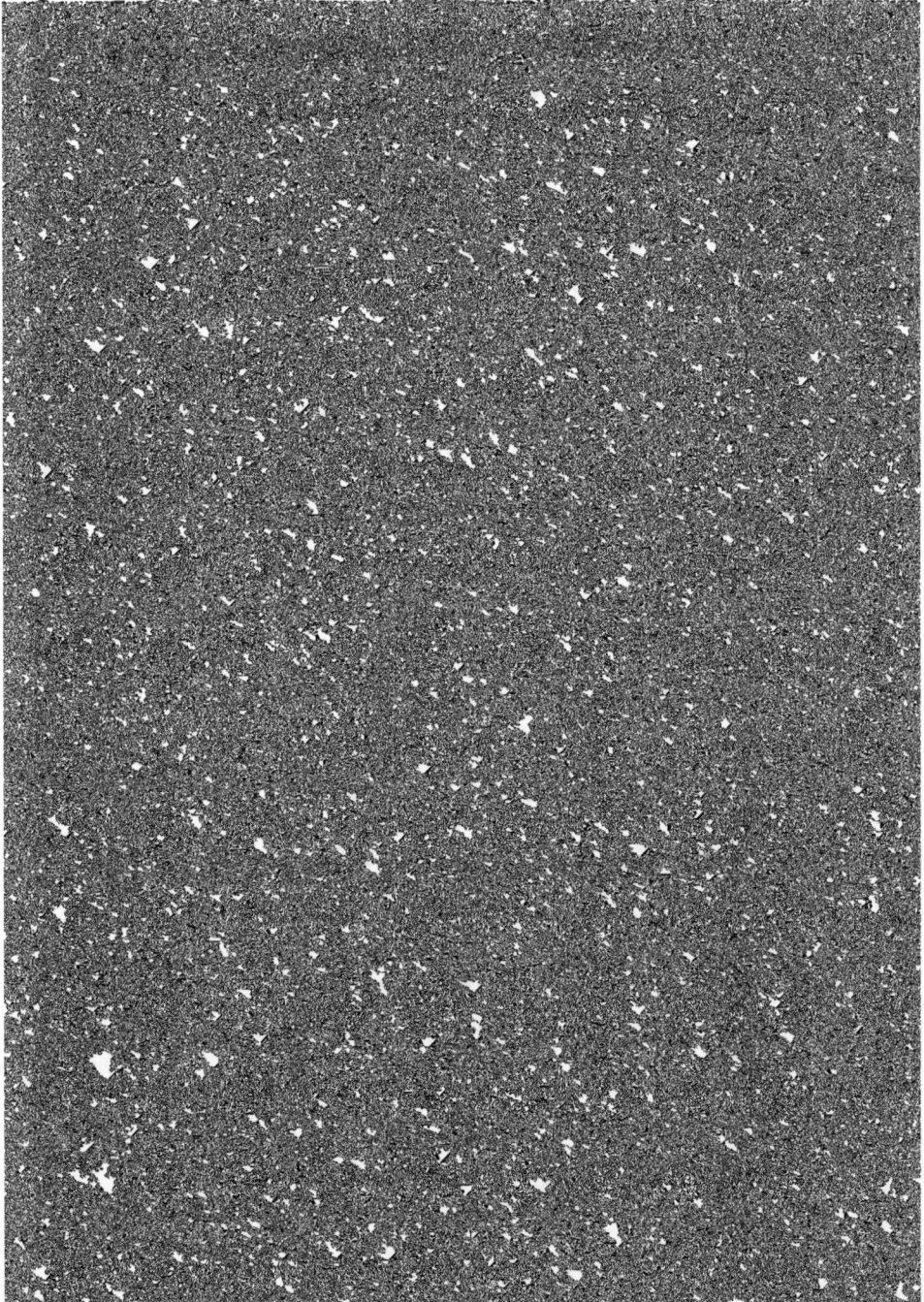

La famille des punaises est la plus
variée ; elles brillent comme des pierres

Une sorte de ver assez rare sur le ricin, pourrait bien être, à l'état sauvage, ce ver à soie qui dans les Indes produit autant que celui du mûrier, une soie moins fine mais d'un grand usage.

La soie, tant des insectes que des végétaux vernissés, le coton de plusieurs espèces ne pourraient-ils être utilisés ?

Une liane assez commune, donne un coton très-long, et si doux qu'on pourrait dire *une soie* ; la culture le perfectionnerait encore.

On trouve cette liane à la forêt ouest, et sans doute dans toute l'île.

On ne peut plus, après la liane de coton, nommer le grossier cotonier herbassé, qui remplit la brousse.

Mais sa fleur, pareille à l'immortelle, nous est chère.

Quand un de nous est conduit au cimetière, là bas au bord de la mer, ce sont des bouquets de cette immortelle sauvage qu'on jette sur la tombe.

Quelques arbres de la famille des palmiers passent leur tête chevelue sous les branches. L'un est chargé d'une couronne de pommes écailleuses, de couleur livide, presque transparentes et d'une odeur âcre.

Dans l'herbe de la forêt de nombreuses touffes se donnent des airs de palmiers.

Une grande verveine qui vient partout, sert pour la médecine Canaque, Les infusions de cette plante ont le goût du thé un peu amer.

Un sorgho sauvage, aux grains énormes, vernissés, vient à l'ombre dans les fourrés ; cultivé, le grain serait encore plus gros.

Il y a deux sortes de pourpiers : l'un terrestre, d'un goût un peu poivré ; l'autre marin, ayant l'aspect de touffes d'épinard, aux feuilles grasses, qui méritent d'être citées en pays aride ; ils se mangent en salade.

Au sommet de la forêt ouest, sur le mât des signaux, volent par milliers des hirondelles ; tantôt elles descendent, rasant les flots, tantôt se reposent ou tournoient sur le mât ; et parfois, de la brousse ou des rochers, un aiglon s'élance les suivant dans l'air.

Jusque sur le seuil de nos cases, perché dans des lianes ou sur quelque batonnet des constructions abruptes, l'oiseau à lunettes, curieux comme un enfant ou comme un Canaque, qu'il est, vient nous regarder de ses vifs yeux noirs cerclés de larges bésicles.

C'est un indigène.

Une jeunesse âpre comme la mer se dégage de tout cela ; et les bardits de l'Armorique, l'aile toute mouillée par les

flots, chantent autour des menhirs volcaniques les phases de l'épopé. humaine.

L'accès de la forêt Nord est plus diffi-
cile que celui de la forêt Ouest, il faut
une autorisation, on y va donc rarement.

Le silence y semble plus profond
encore, les fourrés sont également détruits, mais il y reste d'énormes arbres.

Parfois on entend tout à coup un bruit
pareil à celui d'un obus tombant dans les
branches, ou d'un immense coup de
serpe, c'est un vieux niaouli qui s'effondre.

Il n'y a plus qu'un tas de poussière et
de débris dans lesquels s'agitent des
insectes éperdus.

Là on en voit d'étranges, pareils à des
ébauches ; d'autres, tout insectes qu'ils
sont, ressemblent à des êtres plus éle-
vés. Et puis le vent passe qui balaie la
poussière.

Le mugissement d'un bœuf attendant que les Stokmens le poussent à l'abattoir, le cri d'un oiseau, c'est tout ce qu'on entend.

Il fait bon songer là aux choses qui nous environnent ; au takata coupant au clair de lune l'*adouèque*, le rameau sacré (qui est bien le rameau de nos pères); au songe du passé et au songe de l'avenir.

Le Cyclone.

Tout ici déracine l'être de lui-même ; le silence profond, la solitude où la pensée frappe de ses ailes les sommets tourmentés des montagnes ; tout cela vous emporte loin, bien loin de votre existence.

Rien n'est beau comme la mer, si ce n'est le cyclone.

Le ciel et la terre sont unis dans la même nuit, traversée d'éclairs, pleine du bruit des vents et des flots.

Il est possible que des émiettements et

des émergements d'îles aient lieu dans ces tourmentes. Peut-être en venons-nous?

Qui sait !

Nous avons vu deux cyclones ; l'un de nuit, c'était le plus grand ; l'autre de jour, il fut plus terrible mais d'un aspect moins dramatique.

Tous deux ont été précédés dès la veille, au lever et au coucher du soleil, de nuages rouges mêlés à d'énormes nuages noirs, ils flottaient ensemble, tantôt le rouge faisant une lueur d'aurore sur le noir, tantôt le noir jetant un crêpe sur le rouge.

Puis, ils se sont frangés, estompés, mêlés et enfin tout est devenu noir.

Un grand silence, dans lequel on ne sentait pas un souffle d'air, se fait avant la tempête, pas une feuille ne bouge, pas un insecte ne vole.

3

Les animaux domestiques nous suivent inquiets.

Le baromètre descend toujours, le noir du ciel descend sur la mer.

C'est au milieu de ce calme immense que la tourmente éclate.

La mer ne mugit pas, elle rauque avec fureur.

Le vent nous enveloppe, frappant de grands coups d'ailes; de tous les côtés, la pluie se verse pareille à une mer et rien n'arrête ni le vent, ni la pluie, ni les flots.

On ne voit plus rien que des griffes d'écume, blanches comme la neige, ayant le même aspect, énormes, montant sur les rochers, elles s'avancent sur le rivage comme si elles l'entraînaient au fond des flots.

Tout à coup un immense éclair coupe

l'horizon et illumine un instant, tantôt il
est rouge tantôt livide.

Au milieu de ce fracas, on entend de
temps à autre un petit bruit, c'est un coin
de la forêt où les arbres se brisent, un
toit qui s'effondre, une brèche qui se
forme dans un rocher, envoyant au
gouffre ses débris.

La boussole est affolée, l'aiguille cherche, cherche, il y a une angoisse dans son
tremblottement, elle se soulève, elle
plonge, elle semblait rester soulevée,
quand l'eau embarquant par la fenêtre a
tout renversé.

Le canon d'alarme tonne dans la rade,
les navires y dansent sur les ancres . .

. . . .

Le premier cyclone dura toute une nuit,
le second tout un jour, Nouméa souffrit
beaucoup, et la presqu'île eût ses cases
détruites comme par un bombardement.

On voyait au second, à Nouméa, de grands papillons d'un blanc d'argent volant dans la tourmente, c'étaient les feuilles de zinc des toitures que le vent emportait.

On est pris d'abord par la grandeur du spectacle, la nature déchaînée y chante ses poèmes terribles.

Les vents, les flots, le tonnerre sont les bardes, ces jours-là.

Mais les navires perdus, la ruine, les malheurs pour tant de pauvres gens.

Pardonnez-moi, mes amis, si j'y pense en second lieu ; je suis une sauvage et le bardit de la tempête m'avait pris le cœur.

Le lendemain de ces orages, sur le rivage échancré, sont des débris de toutes sortes.

La mer, profondément remuée, a entraîné des êtres qui y cachent leur existence.

Une fraîcheur printanière a succédé à la tourmente, la terre sort jeune de ce bain immense.

L'odeur de la mer est moins âcre, aucun nuage ne flotte au ciel, mais tout est brisé sur le rivage que les flots ont assiégé, aux arbres tordus pendent des branches tenant par un bout d'écorce comme des membres arrachés. Comment n'ont-ils pas été emportés tout à fait ? Le vent sans doute a ses caprices comme la foudre.

Des ravins nouveaux se sont creusés dans les montagnes, d'autres sont comblés.

Bien loin sur le rivage, sont jetés ensemble des plantes marines, des coquillages, des madrépores ; les uns morts dès longtemps, balayés du fond des flots,

les autres morts d'hier ; il y a des épaves
d'anciens naufrages, une branche de com-
pas oxidée, tellement décomposée qu'une
mousse s'y attache.

Vous savez les vers de V. Hugo :

Ah ! combien de marins, combien de capitaines
Qui sont partis joyeux pour des courses lointaines
Dans ce morne horizon se sont évanouis.
Combien ont disparu, dure et triste fortune
Dans une nuit sans fond, par une mer sans lune
Dans l'aveugle océan à jamais enfouis.

Une gelée rose, animée, qui n'a pas été
jetée trop loin de la mer, a une palpi-
tation.

Cette chose vit et survit à des êtres véri-
tablement animés, elle s'allonge tantôt
dans un sens tantôt dans un autre, sans
avoir même de tentacules.

Qu'elle vive donc puisqu'elle le veut,
qu'elle soit rejetée au flot !

Que de fucus ! il y en a d'énormes. Et que de sortes de vers ! quelques-uns ont des houppes de cils, d'autres ressemblent au bras des poulpes.

Les fucus les ont empêchés de retourner avec le flot.

Voilà des coquillages rugueux comme le rocher, si vieux que des plantes marines qui s'y étaient attachées sont pétrifiées.

Un peu de poussière rougeâtre est restée à l'abri entre les branches d'un arbre rompu, poussière d'infusoires ou de mondes.

En soulevant une pierre on découvre des sortes de choses, fleurs de coraux ou débris, ce sont des êtres qui s'y sont mis à l'abri ; parmi eux, un poulpe à demi mort ouvre son œil humain. Qu'il retourne donc aussi dans les flots ce monstre au regard étrange.

Des squelettes extérieurs, fermés comme des cuirasses, ayant au cou des dépressions qu'on dirait faites par le pouce d'un modeleur, sont épars sur les fucus ; le corps, le cou, tout tient ensemble, il n'y a que deux trous pour les yeux, ils sont un peu plus longs qu'une main ordinaire et à peu près de la même largeur.

Sur les squelettes très-anciens et d'un blanc un peu nacré, sont des rameaux pareils à ceux qu'on voit sur les vitres par la gelée. Eh bien oui, j'aime ce désert, et les cyclones, et la neige grise des sauterelles, la nature sauvage, les tribus sauvages.

Nous vivons la légende, la vieille légende terrible des misères et de l'ombre, et tout là bas à l'horizon, c'est l'aurore d'une ère nouvelle.

Les graminées, armées de barbes d'un

brun violet, qui, deux fois par an, couvrent la brousse comme une moisson, sont couchées à terre, toutes les plantes ont dansé cette nuit dans les valses du vent.

Celle-là n'en secouera pas moins ses graines, elle est vivace.

Cette graminée vous enfonce des milliers de lances, elle empêche les colons d'élever des moutons. Eh bien ! il me semble que son épi, tout sauvage qu'il est, est plein de promesses..

'Demandez aux savants ce qu'était l'herbe grande aïeule du froment, *l'ægilops triticoïdes*, si on veut parler la langue barbare de la science, ce qui ne se peut je crois dans ce pays enfant.

Idara (la Bruyère).

Nous avons dit que la femme en Calédonie ne compte pas, qu'on l'appelle (nemo) *rien, popinée* qui signifie un objet
d'utilité dans la langue des tribus. C'est
elle qui porte l'attirail de pêche ou de récolte, qui traîne les enfants et sert son sei-
gneur et maître.

A Sifou, où elle est moins dégradée, la
race est plus bell‹ autrefois de Sifou
tombait de temps à autre, sur la terre Calédonienne, une grande chasse à l'homme;
les Sifous étaient forts, ils venaient appro-
visionner leur garde manger suivant leur

appétit de chasseurs, quand la bête humaine a faim elle est terrible.

Daoumi canaque de Sifou, ce tayo de
progrès dont nous parlions, sait grand
nombre de chansons de gestes de son île
et de plusieurs tribus calédoniennes.

Nous commençons par la plus vieille :
Les blancs, que disait Idara, femme qui fut
takata, c'est à dire médecin, sorcière ou
plutôt magnétiseur.

Idara est une popinée (femme), une
nemo rien, et les tribus disent encore ses
récits tout en traitant leurs femmes
comme des animaux ; l'illogisme humain
est de partout, ils ont du reste cela de
bon qu'ils ne flattent pas les femmes pour
les mieux tromper.

Idara, assise sous les hauts cocotiers,
gratte une palme qui fait un doux bruit,
elle dit devant les cases la chanson du
soir.

Autour d'elle, les jeunes gens mènent lentement, en agitant les bras comme des ailes, la danse des roussettes.

Les pikinini (enfants) dorment à terre, les vieillards écoutent.

Idara sait panser les blessures avec les feuilles machées des lianes cueillies au clair de lune, elle sait endormir avec le chant magique ou la fleur du niaouli infusée dans l'eau du diahot.

Idara a vu beaucoup d'ignagnes (années), elle est si vieille qu'on ne peut plus les nombrer, c'est plus que *cana neu neu dé ri* (quatre-vingt dix), les pointes de ses dents sont émoussées, mais sa voix est toujours forte, on dirait la poitrine du vent.

Elle dit la chanson des blancs.

Quand les blancs sont venus dans leurs grandes pirogues, nous les avons reçus en *tayos* frères, ils ont coupé les **grands**

arbres pour attacher les ailes de leurs pirogues, cela ne nous faisait rien.

Ils ont mangé l'igname dans la *keulé*
(marmite) de la tribu nous en étions con-
tents.

Mais les blancs se sont mis à prendre
la bonne terre qui produit sans la remuer,
ils ont emmené les jeunes gens et les popinées pour les servir, ils ont pris tout ce
que nous avions.

Les blancs nous promettaient le ciel et
la terre, mais ils n'ont rien donné, rien
que la tristesse.

Ils ont pris les échancrures du rivage
où nous mettions nos pirogues, ils ont
mis leurs villages près des cours d'eau,
sous les cocotiers où nous mettions les
nôtres.

Ils marchent dans nos cultures avec
mépris parce que nous n'avons que des
bâtons pour retourner la terre, et pour-

tant ils avaient besoin de ce que nous avons et ils devaient être malheureux chez eux, pour venir d'aussi loin, de l'autre côté de l'eau, dans le pays des tribus.

Qui donc vous mène hommes blancs? quels souffles vous poussent?

Est-ce qu'un jour toutes les tribus se mêleront à travers les mers?

Tayos frappez les roseaux, Idara a parlé assez longtemps.

La légende des Cyclones.

Il y eut un jour où les montagnes noires se fendirent comme un coco -sous la pierre.

Le vent souffle, la mer se répand dans la pleine, le ciel est noir comme une nuit et traversé de rouges éclairs, le dïahot d'en haut (voie lactée) va verser ses torrents sur la terre.

Dans les bois qui se brisent, le notou crie sinistrement.

Une popinée est assise, ses fils sur ses genoux, dans un ravin sur la montagne,

c'est la fille de Tomaho, la femme de Da-
ouri, ils entendent l'orage plus terrible
que mille guerres, c'est le cyclone.

Pauvre fille dans la case de ton père,
il bercerait tes enfants, le vieux Tomaho
aux cheveux blancs, il leur dirait pour
les endormir la chanson des pères.

Mais plus jamais Païla ne reverra personne. Plus jamais elle ne se lèvera de la
place où elle est assise.

Devant elle le sol s'est fendu, il s'y verse
des torrents sans fin, derrière elle, la
montagne est déchirée ; à droite et à
gauche sont des abîmes.

Et l'eau monte, monte, elle s'élève jusqu'aux nuages et les nuages s'abaissent
toujours ; l'eau des nuages et l'eau de la
mer se confondent, plus haut que les plus
grands des arbres dont les blancs font
leurs mats, les voilà comme des montagnes de nuit.

Que va-t-elle devenir Païla la brune ?
sur sa tête est la grande pluie, sous ses
pieds la mer qui monte, autour d'elle
des gouffres sans fond.

Elle se penche sur les petits afin de les
préserver de l'eau, son dos arrondi les
couvre comme une caverne elle leur
parle tout doucement pour que l'aîné qui
comprend ne prenne pas peur.

Et les enfants sourient se croyant en
sûreté près de leur mère.

Païla regarde dans la nuit, il n'y a plus
de terre, et sur l'eau des troncs de niaoulis et des cadavres s'en vont plus loin
que n'était la terre, des hommes des
femmes, des enfants, sont couchés comme
s'ils dormaient, ils sont morts.

Pendant cinq levers de lune l'eau tombe
ainsi, mais il n'y a plus ni lune ni soleil
pour les compter, le ciel est noir, l'eau
tombe, tombe toujours.

Les fils de Païla vivent parce qu'elle les nourrit de son lait, elle vit encore pour les sauver.

Mais le rocher s'écroule les montagnes ne sont plus que des franges, la terre est toute petite comme une pirogue.

Païla ne tremble pas, elle regarde de son œil noir ; elle est fille et sœur de guerriers, elle est la femme d'un guerrier.

Païla ne veut pas voir mourir ses fils, il faut qu'ils deviennent des hommes, il faut qu'ils aient combattu avant de s'endormir.

Pourtant nul ne vit plus dans la vallée, où vivaient à la lune dernière des tribus sans nombre.

..... Elle ne s'était pas trompée, Païla la brune, ses fils vivent suspendus à son cou, ils voguent sur son cadavre comme dans une pirogue ; le grand se souvenait, sa raison avait mûri.

Ils abordèrent dans une crique ou s'était arrêté aussi un tronc de niaouli portant le vieux grand'père, il aperçut les deux petits qui s'abreuvaient au sang de leur mère.

Elle avait été blessée en roulant entre les rochers et l'avait ordonné à l'aîné en mourant.

C'était l'île d'Inguiène, ou les filles de Tanaoué avaient aussi abordé, et le vieux les maria avec les fils de Païla quand ils furent grands.

Depuis ce temps-là, la grande terre fut étroite étant entrée dans la mer jusqu'au pied des montagnes.

Ils vécurent tant de lunes qu'on disait nombarou l'on ne peut plus nombrer, chamando (beaucoup) étant dépassé depuis longtemps.

Le génie Ondoué.

Vous savez la légende de Faust ? — Elle existe chez les Canaques comme dans la vieille Allemagne.

Avec cette différence que le Faust avide de science c'est une femme, *Kéidée la takata*. Le barbet noir c'est le jecko, Méphistophélès, c'est le génie Ondoué qui donne la puissance et en échange prend le souffle.

Quant à Marguerite elle ne s'y trouve pas, la légende est nue, comme les cimes calédoniennes.

En revanche le sommeil magnétique s'y trouve.

Quant à la méthode du génie Ondoué, briser le crâne pour prendre l'esprit, chacun sait qu'il faut casser la coquille pour manger la noix.

Kéidée jeune encore s'en alla de sa tribu et bâtit sa hutte près du pic des morts.

Elle n'avait pas de fiancé et elle en avait tant refusé que nul n'osait plus lui offrir le peigne de bois de rose ; et encore bien moins envoyer à sa famille, des popinées chargées de colliers de poil de roussette pour le père, et de bracelets pour la mère.

Près de la case de Kéidée coule le *Ti ondoué* (la rivière des morts.) C'est là que la Takata fait ses sacrifices.

Toute petite Keidée aimait les grands clairs de lune : le génie Ondoué avait souf-

flé sur elle, et le lézard Apaït qui annonce la mort, la suivait caché dans
l'herbe.

Dans son sommeil elle avait vu de loin
venir les hommes blancs, elle savait qu'il
y aurait de grandes guerres et que les
sagaies seraient brisées par les ton-
nerres des blancs.

Des jeunes gens voulurent troubler le
sommeil de Keidée, le Jecko à l'œil rouge
les regarda : à partir de cet instant ils ne
burent plus, ne mangèrent plus, et mou-
rurent couchés à l'ombre.

Un vieux tout couvert de lèpre fut relé-
gué pour y mourir, au pied de la montagne
des morts ; Keidée le couvrit d'herbes qui
lui rendirent la jeunesse et la santé.

Et pendant bien des générations, elle
vit devenir blancs ceux qu'elle avait vus
naître.

Mais un soir au lever de la lune les

Théamas venant la consulter trouvèrent Keidée étendue sur sa natte le crâne brisé.

Le génie Ondoué l'avait emmenée avec les esprits.

Les jeunes filles d'Owié.

Est-ce la mer qui descend la montagne? La fleur des niaoulis que roule le
vent? Ce sont les plumes, dont les filles
d'Owié couronnent leurs cheveux, toutes
blanches dans le soleil.

Et sous les plumes, elles sont plus
noires que la nuit les filles d'Owié.

Sur la pente de la montagne elles ré-
pondront à la chanson de pêche.

Les hommes sont sur la mer.

La mer est toute couverte de pirogues
ont dirait des poissons qui battent l'eau,
des oiseaux qui frappent l'air.

Le grand nouk (poisson) aux écailles rayées bondit à fleur d'eau. Voilà le serpent d'eau aux anneaux bleus et blancs. Le poisson d'épines tout gonflé, se détache noir entre les rochers où s'enfonce la mer.

La mer fleurit pour les tribus, il n'y a qu'à lancer la sagaie, à courir dans la pirogue avec les flots, et pourtant souvent la mer ne donne pas, les tribus ont faim.

Sur le rivage elles chantent les filles d'Owié, elles chantent en frappant les bambous, ou en grattant les branches de cocotiers.

Elles sont grandes, elles sont fortes, et ne se plaignent pas sous le fardeau.

Le soleil s'en va derrière la montagne, la mer écume sur les rochers, elle y monte avec des griffes toutes blanches, la tempête approche.

Voguez, voguez caraba (pirogues), que

4

le poisson vienne dans les filets, frappez sagaies, et que de long temps les tribus n'aient plus faim — afin qu'elles vivent en paix.

Les filles d'Owié sont braves, mais elles aiment mieux entendre gronder les flots que voir le sang des tayos.

Le premier Ouainth (repas) de chair humaine. Plusieurs versions diverses suivant les tribus.

Les blancs disent toujours que nous mettons de la chair de l'homme dans nos *keulés* (marmites). Ce n'est pas toujours un mensonge.

Il y a bien longtemps on mangeait de l'homme, en effet ; et puis il s'est passé plus de lunes qu'il n'y a d'étoiles qu'on n'en mangeait plus ; et après c'est revenu, il y a des fois que c'est la grande faim, d'autres la grande colère, 'depuis bien longtemps cela n'arrive que rarement et dans une guerre où la fureur fait mordre.

Avant le grand, grand cyclone qui a rongé le rivage, il y a bien longtemps, il y a tant d'ignames qu'on ne peut pas nombrer, les tayos n'étaient pas beaucoup, il y avait donc du poisson et des cocos tant que personne n'avait faim.

On n'abandonnait jamais les vieux pour mourir, car il y avait toujours des bananes qui mûrissaient sur l'arbre et chacun pouvait s'endormir en paix assis devant sa case.

Ceux de Sifou ne venaient pas encore faire la guerre, ils étaient peu aussi et ils n'étaient pas affamés.

Mais les tayos devinrent nombreux et il y avait une vieille histoire qu'on disait la nuit, devant les cases, d'un temps où le poisson faisait mourir à cause de la fleur du corail, où les bananiers et les cocotiers avaient été brisés par le vent de mort ; alors, ceux qui étaient les plus forts et qui avaient grand'faim, avaient mangé les autres pour ne pas mourir.

On disait cela sans penser que le temps en reviendrait.

Mais il y avait de mauvaises oreilles qui entendaient.

Téchea, dont le nom a depuis signifié mauvais, pensait en lui-même à manger de la chair de l'homme et il en avait une mauvaise envie.

Tout petit il arrachait les fruits à son frère Kérou, dont le nom a depuis signifié bon, et il les mangeait devant lui ou les jetait quand il n'avait plus faim.

Téchea parlait souvent à d'autres pareils à lui, et le vieux Koué (la marée montante) l'avertissait qu'il ne fallait pas chercher quelque chose de mauvais ; mais Téchea riait devant le vieux et con-

4*

tinuait à rassembler ses pareils autour de
lui ; il était si grand et si fort, qu'on
avait rarement vu un homme de sa
taille. Il se .passa encore bien des ignames sans qu'il arrivât de malheur.

Téchea et Kérou avaient jeté le peigne
de bambou à la belle Kaméa, si belle
qu'on lui avait donné le nom du soleil.

Kaméa prit le peigne de Kérou avec
ses fleurs et le mit dans ses cheveux,
laissant à terre celui de Techea.

Kérou n'aurait pas fait comme pour
fruits, il aurait disputé Kaméa à toutes les
tribus, car elle l'aimait aussi.

C'était l'igname des récoltes, on faisait
le pilou près de l'endroit où le diahot se
jette dans la mer au pied de la montagne
d'Arama.

Kérou voyant que son frère n'avait rien
dit, fut touché et alla vers lui, mais Ka-

méa se détourna et emmena tous les siens derrière les cocotiers.

On dansait, il faisait bon sous les arbres à voir briller les étoiles dans les branches.

Le vieux Koué rôdait inquiet : Prenez vos sagaies, disait-il à ceux qui faisaient la ronde autour du pilou, il va se passer quelque chose ; mais on ne l'écoutait pas, et il faisait si bon que les pères endormis, levaient la tête sous la terre et qu'ils écoutaient .

Par trois fois Koué dit : prenez vos sagaies, mais la première fois, on dansait, la seconde on chantait et la troisième il était trop tard, Téchea et les siens étaient tombés sur la tribu.

Leurs casse-têtes étaient en bec d'oiseaux, on ne les avait point remarqués jusque là, mais c'est depuis ce temps là qu'on en fait de pareils.

Bientôt il ne reste plus de vivant que les femmes, les to‧t vieux qui étaient étendus sans pouvoir bouger, et les petits enfants.

Kérou avait eu la poitrine ouverte du premier coup.

On ne jeta pas de branches vertes sur les cadavres en signe de deuil, les méchants voulaient assouvir leur idée, on fit des trous avec des pierres brûlantes au fond, et on y mit les plus jeunes et les plus gras dans de grandes feuilles de bananiers. Téchea, avait attaché à un arbre avec des lianes, Kaméa, qu'il avait prise pour lui, il en voulait faire sa femme.

Au loin, les femmes et les petits enfants étaient assis à terre n'osant pas pleurer, et les vieux s'emplissaient la gorge de terre pour s'étouffer.

La nuit était passée, le matin apparut blanc sur la brousse pleine de sang.

Comme le vieux Koué n'avait pas été tué, il se dressa tout à coup devant Téchea au moment où allait commencer le premier ouainth (repas) de chair humaine, et le maudit.

Pendant que Téchea poursuivait le vieux, Kaméa, ayant rongé avec ses dents les lianes qui l'attachaient, s'enfuit et comme elle était la fille des braves, elle se jeta dans le *Kouindio* (récif).

Et les vieux qui avaient voulu mourir, et Koué, sous le casse-têtes, maudissaient Téchea, si bien qu'il eût peur et lâcha Koué. Depuis ce jour les guerriers ne quittent plus leurs sagaies dans les fêtes.

Les petits enfants ont grandi, leur mères leur ont raconté le ouainth rouge et le vieux Koué qu'on n'osait plus toucher parce qu'il était devenu un grand takatale leur racontait aussi. Mais rien n'y fit, l'homme avait goûté à la chair de l'homme, il avait bu du sang; il en voulut toujours boire.

Téchea s'était fait Théama des tribus, et quand il voulait on faisait un grand pilou et au moment de la danse où les tayos traversent le feu devant la ronde des popinées, il en disparaissait deux ou trois.

Le lendemain le Théama mangeait avec ses guerriers.

Bien d'autres ont fait comme lui et il y a eu aussi bien des Théamas, qui ont vendu aux blancs les plus forts de leur tribu et les plus belles filles pour les servir; mais que celui qui a réveillé le ouainth de chair humaine, n'en soit pas moins maudit.

La guerre d'après les Canaques de Nouméa.

Cette légende fait probablement suite à la précédente.

Les Canaques couchés le soir sous les cocotiers, autour de leurs cases, à plat ventre dans l'herbe, aiment les interminables récits, aussi ils y ajoutent souvent. C'est pourquoi les histoires varient.

Le messager boiteux, plein d'auberges où l'on égorge, faisait courir les mêmes frissons dans les chaumières de Champagne ou de Lorraine il y a quelques années.

Le Canaque conteur, s'il est en verve, s'il n'a plus faim et que la nuit soit belle ajoute au récit, d'autres y ajoutent après lui, et la même légende passant par diverses bouches et diverses tribus devient parfois toute différente de ce qu'elle était d'abord.

Celle-ci m'a paru changer moins que d'autres. — Charles Malato a diverses variantes de plusieurs légendes d'après différentes tribus.

Pendant que Téchea vécut, ses guerriers s'accoutumèrent à être les maîtres de la tribu ; et comme il n'y eut plus pendant longtemps que des femmes et des enfants, ils prenaient ce qu'ils voulaient, et les *nemo* (femmes) et les *piquinini* (enfants) avaient faim tout le jour tandis qu'eux étaient gras.

Deux ou trois vieux qui avaient la tête toute blanche et le Takata Koué disaient bien « Veillons ! » mais que pouvaient-ils ?

Pour veiller il faut la rouge lueur des branches de Kaoris chargées de résine, et à peine s'ils pouvaient casser des ramures sèches.

Le Takata était bon à panser les plaies mais pas à en faire de vives. Eux tous, les pauvres vieux, ils ne montaient plus aux arbres, leurs poignets ne pouvaient plus les enlever, et le pouce de leurs pieds ne prenait plus.

Pourtant les piquinini disaient : « Nous défendrons nos patates et on ne viendra plus prendre nos poissons dans nos mains. » Mais le temps passait toujours ; on leur prenait leurs patates et les poissons dans leurs mains, et les ignames et les lunes s'entassaient sans rien changer.

On ne faisait pas la guerre cependant

5 .

parce que les pétits et les femmes avaient d'abord cédé tout, et que plus grands ils avaient obéi par lassitude.

Mais ceux qui s'étaient retirés à Sifou étaient devenus forts, ils eurent faim et vinrent chasser au tayo sur la grande terre.

Toujours ils étaient vainqueurs et bien des fois ils y revinrent.

Ce fut un mauvais temps ; les tribus avaient au dehors l'aiglon qui enlève le père, au dedans les sauterelles qui dévorent, car les guerriers qui étaient autour des théamas prenaient tout ce qu'ils voulaient.

Un moment on avait espéré ; *le Theïn* (fils du chef) était brave, il avait réuni les tayos, et tous avaient promis aux pères qui dorment sous la terre ; mais tout à coup il avait été frappé comme s'il avait vu l'arbre aveuglant, et il était devenu comme faible, sa tête était toute blanche, il marchait courbé ; pourtant il n'avait pas vu beaucoup d'ignames.

On l'avait appelé le Soleil, mais on ne l'appela plus que le Vieux. Quand son père mourut on laissa l'oiseau sur ses cases, mais on savait bien qu'il ne pouvait plus mener les braves au combat.

Il y eut, cette igname, une famine sur la grande terre, la récolte n'avait donné que de quoi faire le pilou et depuis le lendemain on avait faim.

Tout le monde était décharné comme les morts que les oiseaux dévorent dans les branches du cimetière, mais *Djà* (le casse tête) et *Païmé* (la mort) étaient gras.

De temps en temps un enfant disparaissait ; on disait que les pères les appelaient sous la terre, on avait si faim qu'on croyait tout.

Si les sauterelles étaient venues, on aurait pu se rassasier, mais rien ne venait que le Jecko qui se promenait à travers les cases.

Djà et Païmé étaient toujours ensemble, mais ils se défiaient l'un de l'autre.

Un soir, au bord de la mer, une pierre se détacha d'un rocher et manqua Païmé. Le lendemain Païmé était seul, on ne revit plus jamais Djà.

Mais Païmé ne resta pas longtemps sans compagnons, il s'établit dans la grande case du theïn, qui était toujours faible, et appela à lui qui il voulut.

Tous les jours ils faisaient pilou, pourtant ils ne chassaient ni ne pêchaient.

Les vieux et des jeunes qui n'avaient pas voulu suivre Païmé, s'en allèrent dans la forêt, ils coupèrent des branches d'accacia, de bois rouge dont chaque branche ne fournit qu'une arme, et de ces armes

qui croissent au bord des cours d'eau et
dont la pointe reste dans la blessure ; ils
en firent des sagaies, ils taillèrent des
étoiles au bout de massues de *pennahou*
(bois de rose) ; ils ramassèrent dans les cas-
cades des pierres lourdes et polies pareilles à des œufs pour leurs frondes, et ils
furent ainsi armés pour combattre de
près ou de loin.

Les femmes emportèrent les colliers de
poil de roussette, les coquillages, les colliers de jade, et s'en allèrent dans les cavernes avec les tout petits.

Deux sœurs, Mika et Kouira, les belles
filles noires, ne voulurent point aller dans
les cavernes ; elles restèrent pour combattre, car leurs frères avaient disparu.
Kaïna, leur mère, resta avec elles.

Ils attaquèrent ceux de Païmé et ce fut
une grande guerre. Mika et Kouira, les
belles filles noires, se battaient comme

des guerriers, leurs casse-têtes étaient rouges, leurs bras étaient rouges.

Les vieux et les jeunes aussi étaient rouges de sang, et la voix de leur mère dominait comme une trompe, elle disait le chant de mort.

« Ce n'est pas le sang pâle des arbres qui
« coulera aujourd'hui, c'est le sang rouge
« du cœur.

« Le cyclone couche l'herbe, la guerre
« abat les guerriers.

« La hache ouvre les crânes, la sagaie
« s'enfonce dans les chairs, c'est la guerre,
« la guerre ! »

Longue fut la lutte, longue et terrible, Mika et Kouira, les belles filles noires, tombèrent comme des guerriers et leur mère chantait toujours.

Mais leurs corps ne furent point coupés par morceaux dans le pilou de Païmé, il

tomba lui aussi, les braves furent vainqueurs.

Et les guerriers, et les belles filles
noires eurent sur leurs corps les branches
vertes du deuil.

Les nemo et les piquinini revinrent des cavernes, mais la famine du-
rait toujours ; c'est pourquoi les morts
du parti de Païmé servirent à soutenir les
forces de la tribu. C'est la famine qui le
voulait.

Mais pendant le repas un banc de *Nôs*
(poissons), poussés par les courants froids,
vint s'égarer près de la côte. On en prit
tant qu'on voulut, on en mangea, on en
fit sécher.

Il y eut depuis bien des famines et bien
des guerres. Ne croyez pas que les
tayos sans la faim ou sans la colère aient
jamais mordu la chair humaine.

Oui leur faim et leur colère déchirent,

mais leur reconnaissance est encore plus grande quand on les traite en hommes.

Même un piquinini, a eu d'eux la vie d'hommes qui leur faisaient la guerre, parce que le piquinini aimait les tayos et qu'il parlait avec eux dans la langue des tribus.

La maison de la Guerre.

Comme les romains, les Canaques ont eu leur temple de Mars ouvert pendant la guerre.

Avec cette différence que c'était une petite hutte au penchant d'un rocher, et qu'au lieu d'une statue de Mars, il y avait dedans un homme en punition.

Un jeune théama (chef) canaque, s'étant avisé de préparer pour s'amuser, une guerre telle que les tribus en font quand elles ont faim, ou quand elles ont une injure à venger ; les vieillards s'en aperçurent, et se réunirent la nuit au

5*

clair de lune, pour aviser sur ce qu'ils
avaient à faire.

La guerre n'était pas encore déclarée,
on devait seulement envoyer le lendemain,
avec *l'apouema* masque de guerre, des
guerriers, chez les autres tribus.

Il n'y avait rien moins que cinq tribus
qui devaient y prendre part, trois contre
deux.

Le jeune Daou était d'avis qu'il fallait
se défaire du théama qui les jouait, mais
faire la guerre tout de même pour avoir
les ornements des vaincus.

Ses pierres de fronde étaient polies et
rangées dans son filet comme dans un
nid, le nid de la mort.

Il avait une hache de jade comme celle
pour laquelle une bande d'hommes,
comme des oiseaux voyageurs, allèrent
des pays inconnus aux grandes îles du
sud, aux premiers temps.

Cette hache venait de ses pères. Le jeune Daou aurait bien voulu se battre, sa hache de jade aurait brillé au soleil, les pierres de sa fronde auraient frappé le but.

Il avait encore une sagaie souple comme un serpent, nul n'était si bien armé.

Et la hache de jade n'avait encore bu que le sang des poissons et des arbres.

Mais il ne fut point écouté, les ignames avaient rapporté avec profusion, les cocos et les bananes mûrissaient sur les arbres, les tribus voulaient se reposer tant qu'elles pourraient.

Et puis, il suffisait que le méchant théama eut trompé les tayos pour qu'ils voulussent la paix.

Il fut donc décidé qu'on prendrait le théama, et qu'on l'enfermerait dans une petite case au bord d'un rocher, pour qu'il put penser, tandis que le vent souffle, à ce qu'il avait fait aux tribus.

Ainsi fut fait, et, pendant trois jours, le vent battit la case à pleines ailes.

Au dedans, le théama n'osait remuer, la case tremblait comme si elle se fut en allée dans la tempête.

Le soir du troisième jour, comme le vent pleurait toujours, tandis que la tribu mangeait et dormait, on eut pitié du théama.

On alla ouvrir la hutte et le retirer, il avait eu si grande tristesse, que ses cheveux étaient tout blancs comme ceux des vieillards.

Comme la hutte ne tombait pas, on la laissa tant qu'elle dura ; et chaque fois qu'on déterrait la pierre de guerre, on l'ouvrait en même temps, afin que les théamas ne fussent pas tentés d'imiter celui qui y avait été enfermé.

C'était ainsi autrefois. Maintenant avec leurs théamas, les tribus ne sont pas si fières, car ils en font tout ce qu'ils veulent.

Celui-là, dit la légende, ne vécut pas longtemps, tant il eut triste ressouvenance de la maison de la guerre.

Les filles du théama de Belep.

Une histoire de guerre encore, et encore un illogisme, car les canaques des tribus du nord ayant posé en principe que la femme ne ment jamais, donnent, à l'appui de ce principe, l'histoire d'un mensonge fait par trois femmes.

Une version plus complète et plus romanesque a été recueillie à Oubatch, par Charles Malato. Voici celle de Daoumi d'après les vieillards de Sifou.

On faisait à Belep le pilou de l'igname, mais le théama était triste, son ennemi qui l'avait humilié deux fois déjà : le jeune théama Boiek (la roussette), prétendait qu'avant trois jours, sa tribu danserait à Belep la danse de victoire.

Et Belep, à cette igname là, avait été déjà décimée de ses guerriers.

Le théama avait trois filles, l'une noire comme la nuit et grande comme un guerrier, l'autre presque pâle et petite, elle tenait d'un de ses grands pères appartenant à une race qui s'en est allée, la troisième légère comme le vent.

Elles dirent : c'est nous qui amènerons ici Boiek, et au lieu de sa chanson de victoire, il y dira sa chanson de mort.

Elles s'en allèrent toutes les trois s'asseoir sur un rocher, à portée de la voix, pour que leur père put les entendre s'il leur arrivait malheur.

Et c'était loin, car elles avaient la poitrine aussi forte que celle des guerriers, les filles du théama de Belep, — c'est-à-dire les deux aînées, car la troisième n'était qu'un souffle.

Elles savaient que Boiek était allé en reconnaissance, elles le sentaient rôder aux environs, quoique personne n'eut pu le rencontrer.

Lui, voyant ces trois sœurs assises à l'écart sur le rocher, commes si elles fuyaient la fête de l'igname, s'approcha d'elles.

Il était grand comme un bananier, et on disait qu'il était très-brave.

Pourquoi, dit-il, n'êtes-vous pas à la fête de l'igname.

L'aînée répondit : notre père nous a renvoyées, parce que nous avons trouvé où il met ses *ghis*, haches.

Notre père, dit l'autre, a voulu nous tuer, parce que nous avons peur du grand chef de guerre qui va venir dans trois jours, faire le pilou de victoire. — La troisième, ne dit rien. Il fût transporté de joie, le jeune théama, voyant qu'on ne doutait pas qu'il ne fût vainqueur.

Où sont, demanda-t-il, les ghis pour lesquelles votre père voulait vous tuer ?

Oh! dit l'aînée, vous n'oseriez pas venir les prendre.

Aussitôt il les pria et les menaça pour le conduire, ne voulant pas attendre.

Elles, feignant de refuser, marchèrent devant jusqu'à ce qu'elles fussent tout près d'une embuscade qui les attendait.

Alors les aînées poussèrent un grand cri, mais la troisième ne dit rien.

Voilà comment les trois filles du théama de Belep conduisirent Boiek dire sa chanson de mort au pilou de l'igname, ce qui réjouit le cœur du vieillard, leur père.

Mais, tandis qu'on déroulait la ronde où tous les bras menaçant le nord s'ar-

rêtent pour maudire, criant à la fois :
Match ! Match ! mort! mort! les guerriers
de Boiek, qui le suivaient, entendirent la
chanson de guerre, et, le croyant vainqueur tombèrent comme un rocher qui
s'écroule sur la tribu du vieux théama.

Mais le vieux théama eut le temps de
percer le cœur de Boiek, de son casse-
tête recourbé, son sang inonda la terre,
comme l'eau à la saison des pluies.

Le théama de Belep et sa tribu furent
massacrés.

Et aussi coula le sang des trois filles de
théama, pourtant la troisième n'avait
rien dit.

Le lit des aïeux.

Les pères ont bu la vie, ils dorment sur la haute montagne, les fils font la guerre, les filles battent l'écorce, pour faire la coiffure des funérailles.

Sur eux pousse l'herbe *muarou*, que le théama envoie à ses guerriers pour les préparer au combat.

Ils dorment immobiles comme le rocher.

Tous les bruits de la tribu, frappant autour d'eux, ne leur font pas lever la tête.

Dormez, ô pères! dormez, la vie est bonne, le sommeil est meilleur.

Douces sont les bananes muries sur l'arbre et l'ombre des cocotiers, plus doux est l'oubli. L'ombre la plus grande est sous la terre où plus jamais on n'a faim : dormez ô pères ! dormez longtemps, le rêve est bon, ne plus rêver est meilleur.

Ne pas être, c'est bon, ô pères! mais que faites-vous, ô pères ! ainsi étendus dans la poussière, et qui donc y repose avec vous?

Qui donc ronge jusqu'à l'os vos bras robustes, quelles dents mangent vos chairs.

Ce n'est plus le cœur qui bat dans vos poitrines, c'est un uboé (crabe) qui, levant sa pince, cherche sa nourriture entre vos côtes.

Un collier s'enroule autour de votre

cou, c'est le serpent bleu et blanc aux brillants anneaux.

Ce ne sont pas vos yeux, ô pères ! qui s'agitent ainsi au fond de leurs trous noirs, ce sont des vers enlacés.

Mais vous ne sentez rien, ô pères ! vous ne voyez, vous n'entendez plus rien.

C'est ainsi qu'elle chantait sur la montagne des morts, la noire Théi, dont le nom signifie pleurer.

Sur la montagne elle passait le jour, elle passait la nuit.

Théi n'avait plus de mère, elle n'avait ni père ni frères.

Elle vivait là, des fruits qui mûrissent sur les arbres des morts, comme s'ils l'eussent protégée, mais les morts ne peuvent ni voir ni protéger.

Une fois les jeunes filles entraînèrent Théi dans la danse, elle tourna avec elles jusqu'à la vallée.

Mais le vent s'étant élevé sur la montagne des morts, elle y remonta sur ses ailes.

La froide main de Théi glaçait ses compagnes, elles l'avaient laissée aller.

Une autre fois, Mahoa (le matin), fils du grand chef à l'oiseau, lui dit : veux-tu devenir ma femme ? tu auras chez mon père des nattes d'écorce plus douces que les étoffes des blancs.

Tu seras lourde de graisse comme ma mère et mes sœurs, jamais elles n'ont faim, et elles restent à la case au lieu de porter des haches et des pierres de frondes.

Les plus beaux fruits, les meilleurs morceaux de la chasse et de la pêche sont pour elles.

Elles ont des robes comme les femmes des blancs, et des peignes transparents. Veux-tu venir dans la tribu, fille du cimetière ?

Elle secoua doucement la tête, et descendit dans la vallée.

Mahoa crut qu'elle allait le suivre dans sa tribu, mais elle s'en allait dans la caverne de l'ancêtre.

Mahoa retourna chez son père, aussi froid que les morts, suivant des yeux Théi qui s'était enfoncée dans la caverne.

Il la regarda tant qu'il put la voir.

Mahoa marchait lentement, lentement, de loin il s'aperçut que Théi était sortie de la caverne, et qu'elle remontait la pente du cimetière.

Peut-être que c'était le vent, peut-être que c'était la voix de la jeune fille, il entendait toujours chanter doucement.

Dormez, pères, dormez longtemps, le sommeil est doux, dormez toujours, la mort est meilleure : *oin math lélé lélé* (mourir beau, beau).

Les souffles.

Quel souffle vous pousse, filles d'Owié? Qui donc vous poursuit? Avez-vous passé sous l'arbre aveuglant, pour que vous alliez ainsi devant vous, sans voir qu'il en manque une, chaque fois que vous passez sur le bord du gouffre.

C'est que chaque fois le gouffre en boit une.

La première c'était Kéa la fille noire, grande comme un niaouli: elle a tendu les bras et a sauté.

La seconde c'était Kéri, la fleur de co-

rail, elle a répondu : me voici, et s'est
jetée.

La troisième c'est Lira l'aérienne, elle
a crié : j'y vole, et s'est précipitée.

A qui donc tendais-tu les bras, oh Kéa?
A qui répondrais-tu, Kéri ? vers qui t'en-
volais-tu, Lira?

Elles ne savent ! elles allaient vers les
souffles qui appellent, chassées par les
souffles qui poursuivent.

Le gardien du cimetière.

Il est là jour et nuit le vieux Néchewa; chaque soleil levant le trouve endormi, fatigué qu'il est par son œuvre de la nuit.

Chaque lever de lune le trouve à travers la vallée, cueillant la fleur qui aide à vivre et qui aide à mourir, la fleur du niaouli, et *la boúïa* (citronelle) qui réchauffe comme le soleil.

Sur la fleur du niaouli, la nuit, par l'ombre, on voit une lueur comme autour des vers luisants.

Il est savant, le vieux noubou, c'est le

plus savant des takatas, il sait conserver tant qu'il veut, l'étincelle de vie du vieillard ; et il souffle sur celle d'un guerrier quand il lui plaît.

De loin on vient le voir, le gardien du cimetière.

Il vit là, avec ceux qui dorment sous la terre et dans les branches des arbres, il écoute dans sa pensée, Nechèwa le gardien des morts.

Les os sous le vent se choquent dans les branches des arbres. Entends-tu, Nechewa, comme passent les abeilles dans le tronc creux des arbres, les essaims des vers passer avec un petit bruit dans les chairs.

Mais lui, son rêve va si loin, que la langue ne peut plus le dire, il faudrait tous les mots des langues des blancs, et plus.

Car il sait les histoires du temps avant qu'on ait vu les blancs, avant le temps même où on a mis les morts dans les branches.

Avant bien avant, tout cela.

Le Kouindio, (*Récif.*)

Là, fleurit le corail à la fleur vivante,
là, nagent de grands poissons de quoi
nourrir les tribus :

N'y allez pas, n'allez pas chercher le
corail pour en faire des colliers, n'allez
pas prendre les poissons pour les tribus !
là, le Kouindio ouvre sa gueule énorme,
là, est la mort.

Le Kouindio est, à la marée basse, plus
haut que les cases du grand chef.

Un vieux y vint pour mourir, ses dents
étaient cassées ; il ne pouvait plus mordre le fruit ou les racines; ses jambes

tremblaient ; il ne pouvait plus marcher.

Son fils ne voulait pas le nourrir, son fils ne chassait pas, il ne pêchait pas, mais il mangeait dans la keulé la chasse ou la pêche des autres.

Quelquefois, le vieux lui demandait une igname, mais il refusait brutalement; son père l'ennuyait.

Père, dit-il un jour, tu as vécu si longtemps, qu'on ne peut plus nombrer tes ignames ; tu as les dents cassées, et tes jambes tremblent; tu devrais t'en aller dormir avec les morts, tu n'aurais plus faim ; si tu veux, j'ai un casse-tête qui ne manque jamais, tu ne souffriras pas.

Le vieux eut peur du casse-tête, il aimait mieux mourir tout doucement, emporté au fond de l'eau, il prit un *tehiou* (peigne) auquel il tenait, le mit par-devant dans ses cheveux, pour l'emporter avec lui, et s'en alla.

Il alla sur le bord de la mer en face du Kouindo, lava ses jambes qui tremblaient et se trouva tout ragaillardi.

Si bien qu'il put aller jusqu'au récif et descendre avec le flot tournant.

Il y avait dans la tribu une jeune fille qu'on appelait Moiek (la fleur), nul ne lui connaissait un chagrin.

Est-ce que les popinées ont le temps d'avoir des chagrins?

Sans cesse elle souriait, Moiek la belle, et sans cesse on l'entendait chanter.

Un soir, par le grand clair de lune, Moiek s'en alla légère sur la pointe des rochers.

Elle s'en alla vers les récifs, Moiek la belle, et pour courir au Kouindio elle avait mis une couronne de fleurs, des fleurs blanches de papayer, que son grand père lui avait données le matin pour danser au pilou de l'igname.

Quand la mer la rejeta sur le rivage, elle avait encore les fleurs blanches dans ses cheveux.

Voilà ce que le Kouindio chante le soir, cela et bien d'autres choses.

Récits nocturnes.

Il est nuit, il a fait chaud dans la jour-
née et la fraîcheur est bonne ; la tribu,
étendue sous les cocotiers, près des cases,
écoute les récits du conteur, et les brisants
au loin racontent aussi. Le conteur moitié endormi, moitié éveillé, dit en rêvant
ses histoires qu'on écoute en rêvant.

On dirait des branches de cocotier qui
s'agitent dans l'air, ce sont les roussettes.

Qu'elles volent en paix, la tribu n'a pas
faim ce soir.

Tout près, dans l'eau douce, une grenouille parle longtemps seule d'une grosse voix, et puis toutes les autres reprennent.

Le notou appelle dans les bois, on dirait la plainte d'une bête grosse comme les bœufs· des blancs, et ce n'est qu'un oiseau.

Voilà des gouttes de pluie, mais elles sont chaudes, elles sont bonnes à recevoir, étant couchés dans l'herbe d'où on sent monter la chaleur de la terre.

Les limites des blancs sont loin, bien loin, c'est le sol des pères.

Le village est riche, il a un abri pour ses pirogues, des champs de tarots et d'igname, des cocotiers, que faut·il de plus ?

Mais voici ce qu'on raconte : autrefois, il y a bien longtemps, une tribu était allée avec ses fils et ses filles au bord de la mer — elle était riche aussi.

Les jeune gens sifflaient ayant le cœur gai, et les jeunes filles riaient, tout le monde mangeait tous les jours.

Il y avait tant de jeunes gens et de jeunes filles, que la tribu parlait de construire un nouveau village.

Ils se mirent à danser à la lune, mais tout à coup la montagne s'écroula et couvrit la tribu.

C'est pour cela, que depuis dans un grand nombre de tribus, on ne siffle jamais en passant sous les rochers. Mais ce n'est pas le sifflement qui attire la montagne — c'est le bonheur.

Moi qui raconte, je l'ai vu bien des fois.

La première, c'était tout enfant, je me trouvais si heureux que je dormais le moins que je pouvais, afin de me sentir toujours vivre.....

Mais qui donc remue là-bas dans les branches? si c'était le vent il agiterait le faîte.

Je ne voyais pas que ma mère travaillait trop, à force de porter de lourdes charges, elle se coucha fatiguée et mourut. Mon père prit une autre femme qui me battait tous les jours et je regrettais toujours ma mère, quoique ce ne, fut qu'une popinée.

Plus grand, je commençais à me retrouver heureux; une ancienne femme du grand chef, qui parcourait les tribus m'avait dit que j'étais beau, cela m'avait rendu fier.

La nuit d'après au lieu de dormir je pensais à cela et je me retrouvais tout joyeux, un coco me tomba sur le visage. C'est depuis ce temps là que je suis devenu effrayant à voir comme le masque de guerre

Mais qui donc agite ainsi les branches ?

Eh bien je recommence à être heureux, c'est pour cela que j'ai peur.

Et les branches remuant toujours, le conteur s'en alla.

Mais ce n'était que le vent qui soulevait les branches ; il y avait sur le chemin de sa case un grand trou dans lequel la tribu avait fait cuir un *Boyka* (gros porc), le conteur ne songeait plus au trou, il s'y cassa les jambes.

Heureusement le takata est habile, les os qu'il rapproche reprennent comme des branches.

Il a l'autre jour enlevé avec un morceau de verre la toile qui voilait les yeux de Maïna et Maïna revoit le jour.

7

Coutumes du moyen âge en Calédonie.

On n'est pas peu surpris de trouver, mêlés à l'âge de pierre, quelques-uns des us et coutumes du moyen âge.

Les mots lier et délier, *Kysourouley thignabout*, sont employés par les Canaques de l'île des pins dans le même sens que nos aïeux.

Les sorts jetés, les envoûtements au cimetière, sont comme on les a vus en France au temps d'Urbain Grandier.

La victime de l'envoûtement est mangée, c'est-à-dire dépérit jusqu'à sa mort prochaine.

Le grand chef, au sommet de sa case,
pareille à une ruche, porte l'oiseau et la
main de justice.

Voici une des légendes de l'or : ici
naguère encore on faisait avec mystère
les colliers de poil de roussettes, au fond
des bois, et on *récoltait* avec des cérémonies étranges les coquillages qui étaient
également la monnaie précieuse équiva-
lant à l'or des blancs.

C'était beaucoup d'ignames avant l'arrivés des blancs.

Le théama Nétho, le tonnerre, est vieux,
il veut être riche, très-riche.

Il lui faut des cordons de poil de roussette dans sa case, il lui en faut beaucoup
pour les garder sans y toucher, il lui en
faut (nombarou) qu'on ne puisse plus
compter, pour les cacher, afin que lui seul
sache où ils sont — il lui en faut aussi
pour faire des échanges, et il est habitué

à être obéi. Le théama parle à Monie
Kouendi (grand vent) le takata, car c'est
le takata qui sait trouver les coquillages.

Mais il faut, pour les cérémonies, une
belle némo que là tribu ne revoit jamais.

Le takata va trouver la jeune Koupé
(la vierge), fille d'Adaley le scorpion, il dit
à l'enfant : *mangue moamo* (viens le soleil
se couche.)

Koupé a peur, elle sait que c'est le jour
où l'on conduit vers le Ti-ondoué (la rivière des morts), la jeune fille sacrifiée
aux esprits qui gardent la monnaie précieuse.

La nuit est noire, le vent souffle, il fait
froid, le takata ôte à Koupé sa ceinture de
franges, il lui donne un jupon de feuilles
de bananier qui lui fait peur ; c'est sur
cette jupe qu'on trouve, au bord du Ti-ondoué la monnaie d'or, quand la jeune fille
sacrifiée a disparu.

Elles s'en vont les sacrifiées dans la grande plaine, ou dans la terre noire, ou sur le pic des morts avec les esprits. Non, plus elles ne verront rien, car le vent souffle et disperse les esprits.

Koupé regarde son père, elle a des larmes dans les yeux, Adaley détourne la tête et s'en va.

Koupé pense à Nama (le bananier) son fiancé, mais Nama est à la guerre avec le fils du théama.

Le takata repète encore ; mangué mo-amo ! Alors Koupé voyant sa dernière lune venue, suit le takata, espérant rencontrer Nama sur le chemin ; la guerre est finie, et puis on espère toujours.

Il y a loin jusqu'au Ti-ondoué, nulle autre route ne va de ce côté ; les esprits attendent Koupé et Nama n'est pas revenu.

L'enfant marche sans oser parler ; le

sorcier la chasse devant lui, inquiète comme un notou (pigeon) qu'on poursuit.

La lune se lève comme ils sortent de la case, une lune large qui laisse voir la même chose que le jour, avec l'ombre des rives dans la mer, une belle ombre comme des franges.

Longtemps ils marchent, enfin la lune se cache, et dans la nuit plus sombre Koupé aperçoit une blancheur, elle croit voir le jour.

Non, c'est l'eau pâle du Ți-ondoué.

A la rivière des morts, nul, le takata lui-même, ne va sans péril ; et toujours lui seul en revient.

Koupé crie, elle résiste comme la bête qu'on veut tuer, mais les esprits l'environnent, le takata la pousse dans le courant.

L'eau monte toute noire, les esprits

enlacent l'enfant plus fort que les plus
solides liens, mais l'esprit de sa mère
n'est pas là, sa mère la défendrait.

Le vent se lève et couvre les cris de la
victime. . . . .

Le matin, appelée par le takata, la tribu
vint voir l'indidio (monnaie d'or), dont
les esprits ont couvert la jupe de feuilles
de bananier.

Le théama eût sans nombre de la monnaie à cacher, et beaucoup aussi pour
garder dans sa case ; il en donna des
poignées à Adaley pour le consoler.

Il n'y a pas à révoquer en doute le
type étrange du takata, médecin sorcier,
magnétiseur, c'est une sorte de Cagliostro
curieux à étudier avant qu'il ne dispa-
raisse.

Un des plus remarquables est certaine-
ment celui qui a péri près d'Ataï et qui
joignait, à son titre de takata et à une

sorte d'emploi de bouffon près du grand
chef Ataï, le rôle plus grand de barde,
chantant pendant le combat les braves
et les aieux. On le nommait Andia, il
était nain et difforme, ses jambes étaient
cagneuses, sa tête énorme, il avait le
teint plutôt olivâtre que noir et les cheveux lisses.

C'est de notre temps même qu'Andia a
vécu et qu'il est mort en combattant, ne
cessant pas de chanter à voix haute devant la mort, et les noirs et les blancs
ont dit de lui des choses où se trouve une
étude.

On ne savait à quelle race il apparte-
nait.

Une fois il avait (d'après une tradition
de ses pères) essayé une sorte de corne-
muse avec *une peau de traitre*. — Où
étaient-ils ses pères ? — Une autre fois il
avait tordu les entrailles sèches d'un chat

sauvage pour en faire les cordes d'un luth dont lui seul savait se servir.

Inventait-il? — se souvenait-il? reste-t-il des types isolés d'une race aux cheveux plats, aux yeux bleus, car Andia avait les yeux d'un bleu phosphorescent.

Deux autres chefs s'étaient unis à Ataï dans la révolte, Naïna et Areki, mais leur autorité sur les Canaques n'égalait pas celle d'Ataï.

La tête d'Ataï fut mise à prix, comme d'après la tradition un chef ne peut être frappé que par un chef ou par procuration, Noudo chef vendu aux blancs, donna au Canaque Segou le pouvoir de frapper Ataï et le traître se mit en chasse.

Ataï gagnait Ambou quand son campement fut surpris à mille mètres des cases *neigres* par les colonnes des blancs.

Segou aperçut Ataï debout, nu, sa tête

7*

blanche comme la neige, car il était
vieux, portait en couronne sa fronde
roulée, il tenait de la main droite un
sabre de gendarmerie, de la gauche un
tomakow.

Les trois fils d'Ataï combattaient autour de lui, l'un d'eux fut tué à ses pieds,
les deux autres faits prisonniers ; le barde
Andia chantait à voix haute en combattant, une sagaie lui servant de lance
s'allongeait au bout de ses longs bras de
poulpe.

Segou s'avançait, Ataï l'aperçut : Ah !
te voilà ! cria-t-il.

Segou continuait à l'approcher, Ataï se
dressa menaçant, le foudroyant de son
regard.

Le traitre alors lance la sagaie qui
traverse le bras droit d'Ataï, le vieux chef
lève sa main gauche pour se servir du
tomakow ; mais ses fils étaient tombés au-

tour de lui, l'un mort, les deux autres blessés — Andia s'élance criant *tango*, *tango* (mort au maudit), il tombe à son tour.

Alors Segou s'approche d'Ataï, lui assène un coup de hache sur la tête, un autre au côté droit : Ataï tombe comme un arbre qu'on abat, il porte encore la main à sa tête à demi séparée du tronc.

Le cri de mort fut poussé par les Canaques de Canala en voyant tomber leur chef, telle est la coutume des tribus.

Ce cri se prolongea comme un gémissement jusqu'aux montagnes rouges.

La tête d'Ataï fut envoyée à Paris.

Naïma s'échappa avec les restes de sa tribu et de celle d'Ataï, il fut tué dans la forêt d'Amboa.

Areki se retira dans les cavernes et ne se rendit que les vivres étant épuisés, les cocos et les racines dévorés tout autour des cavernes, ses hommes mourant de faim ; il fut envoyé à l'île des Pins.

A la fête de Nouméa, le quatorze juillet suivant, les tribus s'étant soumises firent le *pilou pilou* dans un champ près de la ville. Ceux qui restaient des tribus dispersées allumèrent leur foyer comme les autres, puis l'éteignirent avec leur pieds et restèrent à la même place pendant toute la nuit, écoutant en silence et avec tristesse les chants des autres tribus.

Ils furent ainsi debout depuis le lever de la lune jusqu'au matin.

Comme les nouvelles hébrides, la Calédonie doit avoir eu ses cratères.

C'est une poussée volcanique qui a fait au bord de la mer, sous la forêt ouest, une représentation naturelle des champs de Carnac, entre la mer profonde et les hauteurs boisées que domine le mât des signaux, tout chargé d'hirondelles.

Le soir, au soleil couchant quand l'horizon est rouge et les flots vermeils, les menhirs s'éclairent de lueurs étranges, puis tout à coup le soleil disparaît, l'île Nou sombre se reflète en noir dans la mer, les mornes se frangent d'ombre.

Les étoiles brillent, énormes, et le grand clair de lune, dont la lumière électrique vous donne une pâle idée, dessine, les estompant et les fouillant en même temps, les masses des rochers et les découpures noires des arbres.

Musique et danse Canaque.

Dans les rondes du pilou pilou, les hommes tournent à part des femmes, quelquefois en sens contraire, le mouvement finit par être tellement rapide que les danseurs passent à travers la flamme sans en être atteint.

Autrefois, disent les vieillards, après des temps où on ne se mangeait pas, il vint des temps que les grands pères de leurs grands pères n'ont pas vus, dans ceux-là il y eut des guerres, des famines, des fêtes où quand les chants et les danses avaient duré une partie de la nuit, l'un des danseurs disparaissait; il était *bu* par la foule, quelquefois plusieurs.

Aujourd'hui le pilou pilou se termine par une joie frénétique et l'abattement de la fatigue.

On dort le lendemain.

Une des danses historiques, et ils en ont de belles, est celle-ci.

Une file de danseurs arrive, hommes et femmes, comme s'ils reconnaissaient le terrain et en prenaient possession ; puis ils se murmurent, avec leurs quarts de tons si doux parfois, les plus douces églogues, ils simulent la danse de pêche, la danse des récoltes, la danse des noces, la danse de la mort.

C'est la tribu vivant au soleil et mourant à l'ombre, puis viennent d'autres encore, des étrangers, *poupouale*, ils chassent et dispersent la tribu.

Il n'y a plus après eux qu'un chant

triste et monotone comme les plaintes du vent. L'*orchestre* qui l'accompagne avec des branches de palmiers grattées doucement s'harmonise bien avec ces plaintes du pauvre sauvage.

Puis il se fait un silence, tous se déploient sur une même ligne, avancent du côté du nord la main droite comme pour menacer ou maudire; en criant : *Match ! match.* (mort ! mort !)

La musique canaque avec ses quarts de tons ressemble au vent, aux bruits de bois, aux flots, souvent elle est douce, quelquefois rauque, parfois on dirait des gouttes d'eau tombant sur les feuilles.

Des bambous frappés en cadence, une flûte de roseau, les branches de palmiers grattées, une feuille qu'ils s'appliquent sur la bouche, tels sont leurs instruments.

Souvent encore ils accompagnent, en

sifflant ou en soutenant la voix sur une seule note, tandis que l'air est chanté ; ces sons filés produisent un effet étrange.

Un soir au bord de la mer un de ces chœurs nous frappa par sa grandeur, peut être empruntait-il de l'heure et du site une partie de sa beauté, mais la plus puissante harmonie de la sauvage Calédonie, celle qui convient le mieux à ses montagnes arides montrant dans leurs entrailles crevassées la terre rouge de l'or, ce sont les cyclones.

Les cyclones, frappant leurs ailes sur la mer qui leur répond du fond de ses abîmes, et dont un jour les forces, portées au loin par l'électricité, aplaniront des montagnes, creuseront d'autres mers et jetteront des ponts par delà les îles lointaines, suivant les besoins de l'homme.

L'avenir est à la science qu'elle fasse sa route.

Le rat et le poulpe.

Le conte du rat et du poulpe est remarquable parmi ceux que Charles Malato recueillit sur la grande terre.

« Un rat, un goëland et une poule sultane vivaient ensemble ; en camarades, et s'étaient associés pour chercher leur nourriture. Or, il advint, une fois, que les vivres manquant, les deux oiseaux et le rongeur tinrent conseil. Allons pêcher, dit le goëland, allons aux récifs, la mer sera bientôt basse et nous prendrons beaucoup de poissons. Tu as raison, dit la

poule sultane. Ah ! soupire le rat, cela
vous est bien facile, à vous qui avez des
ailes, mais moi pauvre et chétif quadru-
pède, comment ferai-je pour vous suivre?
Construisons un radeau, dit la poule sultane et tu viendras avec nous. C'est cela
s'écrièrent les deux autres.

« Ils se mirent à l'œuvre. Le rat rongeait
coupait et creusait des cannes à sucre,
les oiseaux en disposaient les morceaux
en forme de pirogue ; la coque, le mât,
la voile, le gouvernail, tout était en canne
à sucre. L'ouvrage fut bientôt terminé, la
poule sultane et le goëland mirent l'embarcation à flot, le rat y sauta joyeuse-
ment et partit escorté de ses deux alliés.

« Arrivés au grand récif qui était à sec
en ce moment, le goëland et la poule
sultane dirent au rat: Reste-là, nous allons
pêcher et nous reviendrons tout à l'heure
avec nos provisions. Puis ils partirent à

tire d'aile et disparurent bientôt à l'horizon.

« Le temps se passait et les deux oiseaux
ne revenaient point. Pressé par la faim,
le rat se mit à dévorer la voile, puis le
mat, puis, las d'attendre toujours en vain,
le gouvernail, et finalement l'embarcation. Il venait à peine de ronger le der-
nier morceau que les deux oiseaux pa-
rurent tenant dans leur bec les poissons
qu'ils avaient attrapés : Eh bien ! cria la
poule sultane, nous avons fait bonne
pêche, mais où est ta pirogue ? Hélas ! répondit le rat, je vous ai attendus longtemps, vous ne reveniez pas, j'avais faim,
je l'ai mangée. Comment s'écria le goëland avec colère, nous travaillons à te
construire une embarcation et tu la
manges, c'est le prix de notre travail !
Eh bien, puisque tu es ici, restes-y. En
achevant ces mots les deux oiseaux par-

tirent, laissant le rat se désoler, crier et
pleurer. Déjà, la marée commençait à
remonter. Je suis perdu, se disait le rat.
Avisant un caillou qui était encore à sec,
il y sauta au moment où la mer commençait à gagner sa place. Hélas ! murmu-
rait-il, tout à l'heure, l'eau m'atteindra
ici, et il faudra bien que je meure. Comme
il était en train de se lamenter, passa un
poulpe qui l'aperçut. Que fais-tu là petit,
lui demanda-t-il :

« J'attends la mort, répondit tristement
le rat, le goëland et la poule sultane
m'ont abandonné, et il lui raconta son
histoire.

« Ah ! ah ! dit le poulpe qui était une
bonne créature, te voilà dans une vilaine
situation, mais je vais t'en tirer. Saute
sur mon dos je ne vais pas très-vite, mais
je te conduirai quand même à terre. Le
rat tout joyeux sauta sur la tête de l'ani-

mal complaisant. Celui-ci, en effet, ne nageait pas bien rapidement, pourtant on s'approchait peu à peu de la terre et enfin, on n'en fut plus qu'à une courte distance.

« Le rat échappé à la mort, ne se sentait plus d'aise. Il riait et dansait comme un fou, et, sans respect pour son sauveur il urina sur la tête du poulpe. Que fais-tu donc là, petit? dit l'animal des mers qui sentait l'autre se trémousser sur son dos. Ce n'est rien, répondit le rat, c'est la vue de la terre qui me réjouit. Puis, comme on n'était plus qu'à quelques brasses du rivage, le rat rempli d'allégresse, souilla de ses ordures la tête de son bienfaiteur en s'élançant soudain à terre. Et maintenant, regarde-toi, cria-t-il au poulpe en se pâmant de rire.

« Le poulpe aperçut alors ce que l'ingrat lui avait laissé pour prix de son service. Furieux, il voulut se précipiter pour poursuivre le rongeur, mais les rochers lui déchirèrent ses longs bras et tout meurtri de ses efforts, il dut regagner le fond des mers. »

CHARLES MALATO.

Comment le Tokata Bohendiou fit la pluie au lieu du beau temps.

Nouméa, juin 1884.

Le takata est médecin, magnétiseur, astrologue, et même un peu astronome ; c'est lui qui, comme Matthieu Lansberg, annonce la pluie et le beau temps. Mais ce qui n'arrivait pas à Mathieu Lansberg, un takata fut parfois responsable de ses prédictions. Tous ne furent pas aussi heureux que Bohendiou.

Il était renommé pour ses nombreuses et véridiques prophéties (toujours réalisées) ; tant de fois il avait examiné le ciel la veille et le jour des cyclones, qu'il en connaissait tous les signes.

Tant de fois il avait cueilli le *mirarou* (herbe de guerre), au clair de lune, qu'il ne cherchait pas dans la forêt, tombant tout droit sur l'herbe de guerre, bouclée comme la chevelure des guerriers.

Tant de fois il avait chanté pendant le combat, tandis que les sagaies volent plein l'air, sans être atteint, qu'on l'avait surnommé Bohendiou (le rocher). Personne du reste ne se souvenait de son âge tant il était vieux.

Quand le takata Bohendiou s'en allait la nuit, par la forêt couper *l'Adouèque* (rameau des esprits) pour faire l'eau qui guérit; il paraissait grand comme les grands arbres, le rameau spectral à la main.

Un soir les tribus attendaient l'annonce du temps pour le lendemain, afin

8

de surprendre, par le soleil, à leur sommeil du milieu du jour, des guerriers de
Sifou venus en expédition.

Le takata Bohendiou demeura muet.
Le lendemain, les guerriers de Sifou cam-
paient encore dans les bois; les tribus
étaient inquiètes, mais comme la pluie
survint, on comprit pourquoi le takata
n'avait rien annoncé, les tayos n'aiment
pas les paroles inutiles.

Surprenez donc pendant leur sommeil
des hommes que la pluie fouette et tient
debout !

Trois jours se passèrent sans que le takata sortît de sa case, les tribus attendaient toujours ; et toujours à midi le
nuage qui crevait sur la terre leur ré-
pondait.

Le quatrième jour, au soir, Bohendiou
sortit de sa case et dit : le soleil brillera
demain ! puis il rentra et s'endormit. Les

tribus préparèrent les casse-tête, les sagaies, les haches ; les femmes rangèrent
les pierres de frondes dans les filets pour
les fuyards qui échapperaient au mas-
sacre.

L'horizon se frangeait de noir et des
nuages rouges y voguaient sur le noir.

La nuit, plus un souffle d'air, les
branches des cocotiers ne remuaient plus,
une petite lueur errait sur les niaoulis.

Le lendemain était un cyclone.

Le takata dormait dans sa case où nul
n'osait entrer, de peur d'y rencontrer des
esprits.

Les tribus qui ont leurs cases dans les
vallées abritées ne souffrirent pas beaucoup. Mais on ne sut jamais ce qu'étaient
devenus les guerriers de Sifou campés
dans les bois ; leurs pirogues s'en allèrent
au loin, plusieurs furent poussées jusqu'à leur île par la violence du vent, et

on croyait qu'ils y revenaient chargés de butin, mais il n'y avait personne sur les barques.

Quand Bohendiou sortit de sa case, il se frottait les yeux tant il avait dormi.

A peine si on osait lui parler, se rappelant qu'il avait promis un beau soleil. Mais lui, commença disant, que le soleil des tribus s'était levé, puisque leurs ennemis étaient détruits.

Depuis ce jour on crut plus que jamais aux prédictions du takata, car il s'était moins trompé que jamais ; on lui offrit en présent douze colliers de poil de roussettes avec d'autres dons précieux.

Bohendiou si longtemps avait dormi, parce qu'il avait pris une forte d'infusion de fleurs du niaouli.

Dans ce sommeil là, d'abord on voit les choses et les événements qui s'en vont, qui s'en vont, loin, en file pareille à un

ruban qui se déroule sans commence-
ment ni fin ; on rêve longtemps des
choses dont on se souvient au réveil, mais
qui s'effacent après pour ne plus revenir,
mais on voudrait toujours dormir une
fois qu'on en a bu.

Qui sait si dans les songes que donne
la fleur du niaouli, le pauvre canaque
ne voit pas la terre à l'époque lointaine
où la science y brillera, où l'humanité
sera forte et grande, là comme ailleurs.

Notre Europe aura-t-elle sombré, et un
continent nouveau sera-t-il rattaché par
les coraux entre les milliers d'îles et d'a-
tols semés dans le grand océan.

Quels hommes monteront les navires
de l'air, les navires sous-marins et les
flottes munies de parachûtes et d'appareils
qui rendront les naufrages impossibles ?

Quelles mains, à l'aide de l'électricité,
se serviront, comme on se sert d'un outil

8*

qu'on emporte, de la force des cyclones, des torrents, des ondes, de l'air, du son, de toutes les forces répandues dans la nature ?

Qui se promènera dans les grandes plaines, maintenant incultes et pierreuses? sur les montagnes aujourd'hui arides, et qui seront alors verdoyantes de forêts plantées dans la pierre pulvérisée, remuée profondément avec la terre végétale.

Quels hommes seront là quand la science saura purifier l'air des germes infects, quand on les détruira dans les végétaux comme dans tout animal, par la vaccine, la sève étant du sang.

Moi aussi, ô mes amis, j'aime la fleur du niaouli, moi aussi je rêve longtemps en aspirant son parfum.

Aptitudes des Canaques. Fragments des notes du cours Canaque du dimanche.

Nouméa, juin 1880.

Après avoir beaucoup discuté sur les canaques, on est obligé d'en revenir à la première impression, ils ont les qualités et les vices de l'enfance.

Pas plus chez eux que chez nul animal calédonien, le venin n'existe, leur cruauté est inconsciente comme celle de l'enfance, parfois le résultat d'un sentiment violent de vengeance ou de colère.

Aimant l'inconnu, pris par la grande poésie qui s'en dégage, on peut les instruire en leur présentant l'étude sous un aspect vivant.

Ainsi dans le *diahot* d'en haut (le fleuve d'en haut, voie lactée) ils ont reconnu d'instinct un courant d'astres, et si on leur explique que leur expression est juste, ils s'étonnent un peu d'être si bien tombés, et saisissent très-bien que notre soleil roule avec les autres dans ces courants de soleils.

De ces globes à la goutte d'eau où s'agitent des insectes invisibles à l'œil nu, ils saisiront avec enthousiasme la comparaison, ni l'invisible immense, ni l'invisible infiniment petit ne les étonne, et si avec un chaume d'herbe brûlée, vous parvenez à avoir une petite lentille dans laquelle ils verront un peu les animalcules, alors l'enthousiasme sera à son comble, ils questionneront pendant une heure, et s'ils n'ont pas compris de suite, ils vous

diront des semaines, des mois, des années
après (ayant longuement réfléchi), tu sais
je comprends ce que tu as dis l'autre
jour.

Pourvu que le nombre soit très-petit,
ils comprennent les questions de calcul,
si on pouvait s'occuper d'eux longtemps,
il faudrait leur commencer les mathé-
matiques par l'algèbre.

Les canaques ont l'oreille très.délicate,
puisque leurs airs procèdent par quarts
de tons ; la difficulté qu'ils éprouvent en
commençant à chanter comme nous, par
tons et demi tons, n'est pas plus grande
que celle que nous éprouvons à prendre
avec eux le quart de ton.

On est tout étonné, au bout de quelque
temps, d'entendre des voix pleines et
sonores sortir de ces gosiers qui ne donnent d'abord que des sons grêles et diffi-
ciles.

Leur adresse est extrême, après avoir bien regardé le modèle du tableau, (estompé avec le doigt, de manière à ce que le dessin à la craie blanche forme relief sur la planche noire), ils sculptent fort bien une copie assez juste en relief sur une planchette de bois ; aussi facilement qu'ils ont tracé le trait sur une ardoise.

Pas plus que les enfants, ils ne sont effrayés d'avance par les difficnltés d'une science ou d'un art, c'est un grand élément de succès.

La lecture réussit au tableau, sur le mur à l'aide d'un alphabet, où la baguette prend tantôt une lettre, tantôt l'autre pour en former des syllabes et les mots des idiomes des tribus ou du bichelamar, le chant réussit de même, avec une portée sur le mur, où ia baguette à boule noire forme des notes volantes, ces méthodes ne peuvent être employées que pour les commencements.

Une fois qu'ils ont compris, beaucoup se passionnent pour le livre ou le feuillet de musique.

Quelquefois on est soi-même enthousiasmé de leurs progrès, mais alors, tandis qu'on les voit déjà sortis de leur ignorance, ils vous rappellent au sentiment de la réalité, par quelque puérilité agrémentée d'un mot bichelamar implanté par quelque mousse dans le langage de la côte ; on n'est pas désenchanté pour cela, est-ce que les enfants ne deviennent pas des hommes ? il en est de même des peuples.

Ainsi, l'un d'eux, à qui je parlais de plantations de graines d'Afrique, noyaux de dattes et qu'on m'avait promis de m'envoyer, entra tout à fait dans l'idée de propager ces végétaux utiles, et comme je

lui en témoignais une certaine satisfac-
tion, il répondit en riant à pleine bouche
ça épatera les tayos blancs.

Peut-être, froissés par le mépris des
Européens, ne savent-ils pas mieux exprimer le besoin de montrer aux blancs
qu'eux aussi sont des hommes, et puis
l'émulation chez les enfants n'a-t-elle
pas un but le plus souvent aussi puéril.
(Ne prenez pas en mal cette comparaison, la nécessité en est tout aussi grande
peut-être). Si comme on tient de tout chez
les épiciers des colonies, et même de nos
villages de France, on essayait dans les
tribus une vaste école où serait enseigné
tout, (c'est à dire le peu que nous savons)
depuis les sciences et les arts, jusqu'aux
métiers qui en dérivent, qui sait, en leur
enseignant simplement, jusqu'où iraient
ces peuplades ? le saut de l'âge de pierre
à nous, serait curieux à étudier ; bien des

professeurs seraient heureux de s'en rendre compte.

Plus tard, quand les tribus seront éteintes ou mélangées, on regrettera peut-être de n'avoir pas pris sur le vif ces notions du passé ; mais le saut ne sera-t-il pas plus grand entre ce que nous savons et ce que sauront nos neveux ? il faut bien l'espérer.

Nous parlions tout à l'heure de l'adresse des canaques, en voici un exemple : M. Borello, médecin de la presqu'île Ducos, a vu une de leurs opérations chirurgicales (celle de la cataracte), faite *avec un bout de verre*, et parfaitement faite.

On pourrait citer d'autres exemples, celui-là est frappant.

Nouméa, 28 juin 1880.

9

UN COIN DE LA GRANDE TERRE, EN FACE DE LA BAIE DE TENDU.

Louise Michel.

Fragments.de Vocabulaires.
Mots répandus dans les tribus.

I

Salutation Canaque.

Anda iem pî	
Anda diemuna pié	Dis donc, où vas-tu?
Anda dio poura	
Hôla, hem,	Adieu, au revoir.
Hô, hô, hô,	Adieu, (comme bonne chance, avec une nuance de tristesse, d'incertitude.)
Tayo,	Ami.
Pê,	Fais, dis, est, — sorte d'auxiliaire.
Tarou,	vite.
Pê tarou,	Dépêche-toi, fais vite.
Ièn?	Où?

Tâ,	Comment.
Ien pe,	Où vas-tu.
Iè pê,	Où est, voici.
Tamé,	Viens.
Piala,	Viens près, approche.
mamé,	Donne.
Boîma,	Je t'en prie.
Maïa,	Attends.
Koïlo, Louck,	Regarde.
Dialep,	Va-t'en.
Moômed,	Demain matin.
Inou,	Il fait chaud.
Chouna,	Comme cela.
Kop,	Beau, bon.
Lélé,	Bon, beau.
Kâ kop,	Très beau, très bon.
Lèjo,	Beau.
Djo,	Beau.
Delaën,	Que c'est beau, que c'est blanc.
Hi — chéré,	Fi donc — dégoût très fort.
Ah ouoh ! ah ouah,	Doute, tristesse.
Sâ.	Ici.

mouy mouy,	Se reposer.
Caï caï,	Manger.
Caoû lem.	Dormir.
Modjio,	Travailler.
Kondoue,	Boire.
Phînà,	Se promener.
Théo,	Tonnerre.
Théama,	Chef, seigneur.
Théin,	Fils de chef.
Cabo,	Fille de chef, (peu répandu.)
Piquinini,	Enfant.
Canibé,	Enfant (moins répandu.)
Hach,	Homme.
Nemo,	(rien) Femme.
Thébo,	(rien) Femme.
Popinée,	(objet utile) Femme.
Pod,	Case.
Poupouale.	Étranger.
Iep,	Feu.
Konra,	Sang.
Hîjâ,	Bras.
Mod,	Ciel.
Kola — koûl,	Pluié.

Oué.	Grande eau, la mer.
Koueh,	Brousse.
Kouleh,	Sauterelle.
Koula,	Crevette.
Nani,	Chèvre.
Nanine,	Chèvre.
Pouën,	Tortue.
Poussy,	Chat.
Takytô,	Pastèque.
Kouka,	Pastèque.
Toutout,	Le clairon des blancs.
Thyâ,	Pommes.
Câe,	Citrouille, (depuis l'oc- cupation)
Nou,	Coco.
Samou,	Banane.
Bouiek,	Rounette.
pouin bouiek,	Poil de rounette.
Curava,	Pirogue.
Garaba,	Pirogue.
T'bin — carabousse,	Prison (depuis l'occupa- tion.)
Manigat,	Soleil.
Moi nouh,	Lune.

Piouh,	Étoile.
Payoute,	Terre que mangent les indigènes.
Toul — macao,	Bœuf, (depuis l'occupation.)
Key,	Clef, objet et mot nouveau de l'anglais.
Togny — toky,	(Le fil de fer, le fil du télégraphe des blancs.)
Poylei,	Chemise, tunique, (mot nouveau.)
Méd,	Rouge.
Faraoua,	Pain, (depuis l'occupation
Couka,	Cuisinier.
Koé,	Non.
Héloû,	Oui.
Tabou,	Défendu, sacré.
Takata,	Sorcier, médecin, magnétiseur.
Maté,	Malade.
Maté, maté,	Mort.

Dialecte des tribus répandues sur la grande terre, de la plaine des grands lacs à la baie de Canala tribus de This, Ouroué, Dotio, Neheli.

Moi,	*Garou, gou.*
Toi,	*Gué, gé.*
Nous deux,	*Menva.*
Toi, ou vous,	*Parlant au chef Oumé.*
Conduire, (un)	*Menkunden.*
Conduire, (nous deux)	*Menou.*
Avoir,	*Kitara.*
Vouloir,	*Nahorii.*
Aujourd'hui,	*Némoâ.*
Hier,	*Ammo.*
Avant hier,	*Mi kourou.*
Demain,	*Occé.*
Après demain,	*Mi harou.*

4ᵐᵉ jour,	*Néché.*
5ᵐᵉ jour,	*Néfoué.*
6ᵐᵉ jour,	*Neneuneu.*
Quand,	*Ani.*
Ou,	*Où.*
Quoi	*Yâ.*
Le matin,	*Nahoâ.*
Le soir,	*Tombaré ou nechendé.*
Le milieu du jour,	*Mécamia.*
Vite,	*Mané.*
Doucement,	*Pépambou.*
Oui,	*Eeu.*
Non,	*Sié.*
Pure,	*Kiti.*
Malpropre, sale,	*Nicha.*
Noir,	*Takaamase.*
Blanc,	*Euneu.*
Métis,	*Kouene kchaa.*
Homme et jeune hom-me,	*Oneou.*
Femme-némo,	*Popinée, peû.*
Jeune fille peu-néou,	*Koupé,*
Père,	*Apâ.*
Mère,	*Yâ.*

9*

Sœur,	*Moundouena, chénéré.*
• Frère,	*Choarena, doumi, daoumi.*
Grand père,	*Mouiendo.*
Petit-fils,	*Coundo.*
Vent,	*Kouendé.*
Grand vent,	*Mouïek kouendé.*
Fleuve, grand cours d'eau,	*Diahot.*
Rivière,	*Nekoué.*
Eau,	*Koue.*
Mer,	*Koueta.*
Eau douce,	*Koueniorou.*
Eau salée,	*Kouéta.*
Nuage,	*Kô.*
Pluie,	*Kougé.*
Marée montante,	*Koué.*
Marée descendante,	*Chôo.*
Inondation,	*Dé.*
Tonnerre,	*Néto.*
Le ciel,	*Nechea.*
La terre,	*Gumarra co meudo.*
Montagne,	*Bagna ou Bakoua.*
Coquillage,	*Erékia.*
Pierre,	*Schangge.*

Les Étoiles,	*Choueiné.*
Lune,	*Amboniai.*
Soleil,	*Caméa.*
Poisson,	*Nô.*
Requin,	*Neu.*
Crabe,	*Uboé.*
Poule,	*Dôo.*
Tortue,	*Pouen.*
Pigeon,	*Mon'o ou notou.*
Chat,	*Mé.*
Chien,	*Taki.*
Igname,	*Nou-kou.*
Banane,	*Poé banana,*
Taro,	*Moni di.*
Coco,	*Nou.*
Canne à sucre,	*Dé.*
Bois,	*Koa.*
Arbre,	*Kouan.*
Herbe,	*Kouele.*
Citronelle,	*Choua-boua.*
Bois de rose,	*Peuhaou.*
Bois de fer,	*Embonia.*
Pipe,	*Poapi,*
Fumée,	*Guioue,*

Sagaie,	*Djo.*
Casse-tête,	*Djia.*
Fusil,	*Kouga.*
Couteau,	*Nafe,*
Hameau,	*Chichi.*
Peigne,	*Tchiou.*
Tapa,	*Ieu.*
Chemise, blouse, robe,	*Tetnoté, (depuis l'occupation.)*
Porte,	*Kookoua.*
Case,	*Moa.*
Fenêtre,	*Koaïou.*
Village,	*Koua.*
Linge,	*Koou.*
Corde,	*Koundou.*
Marmite,	*Keute*
Bon,	*Lele-korou.*
Mauvais,	*Lécha.*
Malade,	*Paï ou maté.*
Menteur,	*Fé.*
Se promener,	*Meneefendo.*
Manger,	*Rida ou caïcaï.*
Dire,	*Ché.*
Chercher,	*Pepelé.*

Vendre,	*Okouerie.*
Acheter,	*Neuna jeudi.*
Se reposer,	*Madeu.*
Pleurer,	*Teï.*
Tousser,	*Chego.*
Travailler,	*Kouà.*
Courir,	*Pocouno.*
Attendre,	*Tandeuou.*
Prendre,	*Pe.*
Laisser,	*Ounna.*
Siffler,	*Koua.*
Chanter,	*Ko.*
Donner,	*Koumé.*
Dormir,	*Mentiche,*
S'asseoir,	*Tchoué.*
Laver,	*Chopo.*
Ouvrir,	*Tioun.*
Danse,	*Pilou.*
Une année.	*Une igname.*
Danse de guerre,	*Pilou war.*
Pirogue,	*Carava caraba.*
Pirogue double,	*Pouenou.*
Pirogue simple,	*Corba.*

III

Balade.

Ciel,	*Dat.*
Soleil,	*Mainga.*
Lune,	*Moinouck.*
Étoile,	*Piouck.*
Terre,	*Dilit.*
Mer,	*Déné.*
Vent,	*Ouriou.*
Tempête,	*Apia ouriou.*
Plante,	*légaïouk.*
Fleur,	*Mouth.*
Arbre,	*Tchick.*
Branche,	*Entchick.*
Fruit,	*Poin ick.*
Bananier,	*Tien samoa.*
Banane,	*Samou.*

Cocotier,	*Nou.*
Coco,	*Nou.*
Taro,.	*Taro.*
Igname,	*Oubich.*
Culture,	*Saoult.*
Homme,	*Alch.*
Femme,	*Tamoi.*
Enfant,	*Aloû.*
Guerre,	*Puth.*
Combat,	*Andia.*
Tuer,	*Angué.*
Manger,	*Caï-caï.*
Boire,	*Ondoû.*
Dormir,	*Ind'oulée.*
Feu,	*Naâ.*
Fumée,	*Poien.*
Sagaie,	*Do.*
Fronde,	*Oundat.*
Pierre,	*Padü.*
Caillou,	*Ondep.*
Rocher,	*Andiouck.*
Ruisseau,	*Poin ouë.*
Case,	*Moin.*
Hache,	*Ghi.*

Serpentine,	*Ghi.*
Mort,	*Math, ou mat maté.*
Mourir,	*Pouimath.*
Pirogue,	*Carava caraba.*
Monnaie calédonienne,	*Enyhi enjü.*
Monnaie des blancs,	*Monnaie-mony.*

IV

Honaïlou.

Ciel,	*Boindiou.*
Soleil,	*Caré-néga.*
Lune,	*Faraoui.*
Étoile,	*Igniau.*
Terre,	*Néva.*
Mer,	*Baraïonié.*
Vent,	*Kajir.*
Tempête,	*Nakoua, nékouen.*
Plante,	*Kin.*
Branche,	*Koui-kin.*
Fruit,	*Poinkin.*
Bananier,	*Serou.*
Cocotier,	*Nou.*

Taro,	*Moi.*
Igname,	*Mad.*
Culture,	*Mara.*
Homme,	*Komo.*
Femme,	*Coué-némo, popinée.*
Enfant,	*Ozari* (*piquinini*).
Guerre,	*Pâa.*
Combattre,	*Ninaka pâa.*
Tuer,	*Koémi.*
Manger,	*Caï caï.*
Boire,	*Aurô.*
Dormir,	*Kourou.*
Feu,	*·Kemorou.*
Fumée,	*Pou.*
Sagaie,	*Dâ.*
Fronde,	*Beaué.*
Pierre,	*Pégou.*
Caillou,	*Boendiou.*
Rocher,	*Boendiou.*
Ruisseau,	*Ain gâ.*
Case,	*Moin.*
Hache,	*Ghi.*
Serpentine,	*Ghi.*
Mort,	*Mé.*

Mourir, *Na mé.*

Pirogue, *Carava caraba.*

Monnaie calédonienne. *Enghi*

Monnaie des blancs. *Monney*

Pouébo.

Ciel,	*Pou.*
Soleil,	*Mamgat.*
Lune,	*Niouiouk.*
Étoile,	*Piouk.*
Terre,	*Dilit.*
Mer,	*Dénè.*
Vent,	*Daṅ.*
Tempête,	*Andan.*
Plante,	*Tcheaioue.*
Fleur,	*Moutk.*
Arbre,	*Tchick.*
Branche,	*Enn tchick.*
Fruit,	*Pein tchick.*
Bananier,	*Tien samou.*
Banane,	*Samou.*

Cocotier,	*Nou.*
Coco,	*Nou.*
Tari,	*Tori.*
Igname,	*Ouit.*
Culture,	*Pogat.*
Homme,	*Alck.*
Femme,	*Thévoo.*
Enfant,	*Cambé piquinini.*
Guerre,	*Puath.*
Combattre,	*Egnia.*
Tuer,	*Anghi.*
Manger,	*Où.*
Boire,	*Kindée.*
Dormir,	*Kain ouleé.*
Feu,	*Ieps.*
Fumée,	*Poum.*
Sagaie,	*Da.*
Fronde,	*Onandat.*
Pierre,	*Peit.*
Caillou,	*Oudip.*
Rocher,	*Andiouk.*
Ruisseau,	*Ani-oué.*
Case,	*Moin.*
Hache,	*Ghi.*

Serpentine,	*Ghi.*
Mort,	*Match.*
Mourir,	*An match.*
Pirogue,	*Carava, caraba.*
Monnaie Calédonienne,	*Enghi, enjï.*
Monnaie des blancs,	*Monnaie, money.*

VI

Hinguiene.

Ciel,	*Poa.*
Soleil,	*Maingat.*
Lune,	*Poin.*
Étoile,	*Piouk.*
Terre,	*Dilit.*
Mer,	*Dénè.*
Vent,	*Ni.*
Tempête,	*Uï-Dan.*
Plante,	*Tchek aiou.*
Fleur,	*Mouth.*
Arbre,	*Tchik.*
Branche,	*Um-tchick.*
Fruit	*Pointchik.*
Bananier,	*Tien samou.*
Banane,	*Samou.*

Cocotier,	*Chep.*
Coco,	*Chep.*
Taro,	*Io.*
Igname,	*Coue.*
Culture,	*Poga.*
Homme,	*Kaïou.*
Femme,	*No-o-e.*
Enfant,	*Iaouk.*
Guerre,	*Path.*
Combattre,	*Andié.*
Tuer,	*Caï.*
Manger,	*Où.*
Boire,	*Kondouk.*
Dormir,	*Kaïnja.*
Feu,	*Iak.*
Fumée,	*Aï mou.*
Sagaie,	*Dà.*
Fronde,	*Ouandai.*
Pierre,	*Païck*
Caillou,	*Audip.*
Rocher,	*Beune.*
Ruisseau	*Oin oué.*
Case,	*Gnan.*
Hache,	*Ghi.*

Serpentine,	*Ghi.*
Mort,	*Match.*
Mourir,	*Oin match.*
Pirogue,	*Carava caraba.*
Monnaie Calédonienne,	*Tené.*
Monnaie des blancs,	*Monnaie money.*

VII

Ile des Pins.

Niaouli,	*Yénéde.*
Liane pétrifiée,	*Denjey.*
Liane verte,	*Elouey.*
Noyer de bancoul,	*Rio.*
Noix,	*Vagoum.*
Orange et citron,	*Wia ou kié synime.*
Pin et sapin,	*Adé.*
Ricin,	*Papa aley,*
Bois de santal,	*Kanoum.*
Mimeas,	*Seigou.*
Bois de rose,	*Penhaou.*
Goyavier,	*Kay.*
Bois de gayac,	*Metzo.*
Figuier,	*Woukadey.*

Figue,	*Woutiange.*
Chenopode.	*Woueley.*
Cocotier,	*Nou.*
Coco,	*Waanou.*
Bois de fer,	*Nanoué.*
Bananier	*Nama.*
Banane.	*Woiey, ou Wouey.*
Arbre à pain,	*Wouniumy.*
Pandanus,	*Oneld.*
Boabad,	*Yadem.*
Anacardier,	*Woanoumy.*
Bois,	*Céreilly.*
Bois vert,	*Gouij.*
Feuille,	*Rounahak.*
Bruyère,	*Idara.*
Chou,	*Cabbage.*
Canne à sucre,	*Wouca.*
Coloquinte,	*Wadguiècailleté.*
Fougère,	*Kédée.*
Champignon,	*Mauney.*
Graine,	*Réné reyty.*
Glayeul,	*Nodekoney.*
Taro sauvage,	*Oyaka.*
Herbe,	*Léyô.*

Haricots secs,	*Tzaé (haricots canaques par régimes.)*
Haricots verts,	*Tota.*
Maïs,	*Keïdé.*
Patate,	*Koumala.*
Igname,	*Nou.*
Paille,	*Woïkédé.*
Pastèque,	*Wouseum.*
Régime de banane,	*Woé metiy da.*
Résine,	*Nasoodé.*
Anana,	*Anénana.*
Fruit vert,	*Pecaye.*
Tabac,	*Siéra.*
Tomate,	*Woapounne.*
Jonc,	*Kongou.*
Corail,	*Ya dey dcy.*
Toile d'écorce de cocotier battue, pour le bonnet des funérailles,	*Gonta.*
Porcelaine,	*Woaneykieu.*
Escargot,	*Woanem.*
Argonaute,	*Neïbeylo.*
Moule,	*Wouymédé.*

Poisson,	en général, *Wouagié.*
Os et arêtes,	*Donnay.*
Requin,	*Iok.*
Raie,	*Cry pepel.*
Baleine,	*Beyreid.*
Tortue,	*Kiévahem.*
Crabe,	*Bou.*
Lézard,	*Bouyau.*
Serpent,	*Yekée.*
Seiche,	*Talayraimey raygné.*
Squelette,	*Otugyou.*
Chenille,	*Meneyau.*
Mille pieds,	*Yaoula.*
Puce,	*Otle.*
Abeille,	*Waakouy.*
Fourmi,	*Keddy.*
Papillon nocturne,	*Woukoung.*
Papillon diurne,	*Weapill emine.*
Punaise,	*Weamy diakoul.*
Sauterelle,	*Doua.*
Oiseau,	*Rya.*
Plumes,	*Dey.*
Plumet,	*Menn.*
Perruche,	*Oeya.*

Pigeon,	*Mekey kīed.*
Mouette,	*Monin.*
Martin-pêcheur	*Kotté.*
Canard,	*Kouté.*
Pintade,	*Kotée.*
Coq,	*Tyto.*
Souris aux rats,	*Kellé.*
Rousselte,	*Adaïl.*
Poule,	*Tytanay, ou Seyné.*
Petit poulet,	*Bouaté main.*
Gros poulet,	*Woitilla.*
Chat,	*Poussy ou kouly.*
Gros porc,	*Boyka Poïka ou poca.*
Petit porc,	*Weyka.*
Grouin,	*Yagnat.*
Ane,	*Myno.*
Chien,	*Pailley.*
Cheval,	*Horse.*

Numérations diverses.

Je crois qu'on reconnaîtra une similitude d'harmonie entre la numération arabe et les numérations canaques qui suivent. Elle existe davantage encore entre les nombres canaques et les noms des lettres en arabes.

1 Oua, bad.
2 T'nine.
3 Tleta.
4 Arba.
5 Kamsa.
6 S'elta.
7 Seba.
8 Stémenia.
9 Tersaa.

10 Achra.

11 Hadache.

12 T'Nâche.

D'autres telles que dans les tribus de
Chio, Ouroue etc. ont une autre allure ;
elles imitent un peu le bruit du rouet.

Peuéba.

1 Tcheit.

2 Crou.

3 Etchin.

4 Epayt.

5 Enim.

6 Enitcheit.

7 Enindou.

8 Enindjen.

9 Enipsaït.

10 Payndo.

Choen bouëne.

1 Tché.

2 Tchelouk.

3 Tchen

4 Poé.

5 Min.

6 Etche.

7 Etchelouk.

8 Epaye.

9 Enun.

10 Paylo.

20 Boin peylo.

Hinguéne.

1 Tchein.

2 Tchelouk.

3 Tchein.

4 Poé.

5 Nini.

6 Etchen.

7 Etchelouk.

8 Enitchen

9 Enipoet.

10 Paindo.

Houailou.

1 Cha a
2 Karou.
3 Kasili.
4 Kafoué.
5 Kanini.
6 Kanijakaïn.
7 Kanikaoué.
8 Kanikasili.
9 Kanikafoué.
10 Barourou.

Kanala.

1 Cha.
2 Barou.
3 Basili.
4 Bafoué.
5 Banini.
6 Baniack.
7 Bani barou.
8 Bani basili.
9 Banifoué.
10 Paim barou.

Ile marée.

1° *série jusqu'à cinq.*

1 Ça.

2 Djéoué.

3 Teni.

4 Ékié.

5 Séda.

2° *série après 5 en ajoutant né.*

6 Né ça.

7 Né djevoué.

8 Né teni.

9 Né ékié.

10 Né sédo.

Balade.

1 Ponaït.

2 Poirou.

3 Poikiet.

4 Poin paït.

5 Poin mini.

6 Poin indien.

7 Poin poït.

8 Poinandou.

9 Pointchick.

10 Poroupé.

Belep.

1 Calins.

2 Carou.

3 Ceren.

4 Carpas.

5 Camen.

6 Camendis.

7 Canendou.

8 Canendiou.

9 Pouanebas.

10 Pouarouk.

Nota

Nous avons toujours remarqué que les Canaques en nombrant avancent d'abord une main puis l'autre, puis un pied et ensuite l'autre ; leurs numérations ont presque toutes un temps d'arrêt, et quelques-

unes un changement entre ces quatre séries.

Celles où recommencent d'autres séries
continuent par la même méthode.

Aucune ne va plus loin que celle qui
suit :

Thio — Onroué — Néhélé.

1   Doca cha.
2   Barou.
3   Bachi.
4   Kanafoué.
5   Kananeuneu.
6   Kananeuneu doca.
7   Kananeuneu nombarou.
8   Kananeuneu nombachi.
9   Kananeuneu nombafoué.
10   Kananeuneu nombaneuneu.
11   Chamangué.
12   Barou mangué.
13   Bachi mangué.
14   Canafoué.
15   Cananeuneu mangué.
16   Kananeuneu doca mangué.

11

17 Kananeuneu nombarou mangué.

18 Kauaneuneu bachi mangué.

19 Kananeuneu nombafoué mangué.

20 Kananeuneu nombaneuneu mangué.

40 Kambarau douhamourou.

60 Kambachi déri,

80 Kanafoué déri.

90 Kananeuneu déri.

Après ce chiffre on ne peut plus nombrer.

Chamando (beaucoup) l'incommensurable se rend par (nombarou), c'est-à-dire on ne peut plus nombrer.

Je puis me faire illusion, mais il me semble que ces numérations sont curieuses et qu'au moment où les canaques (comme les tribus australiennes, comme les peaux rouges et bien d'autres vont disparaître, la science devrait s'emparer des vocabulaires, des numérations, saisir sur le vif les mœurs de l'âge de pierre et qu'on trouverait au fond quelque chose du passé.

On remarquera que dans tous les vocabulaires le mot *hache*,*ghi*,et le mot serpentine sont pareils. C'était donc la pierre par excellence pour les haches.

Les mots *némo théo*, ne le sont-ils pas aussi?

A ceux qui aiment à chercher, je livre ces vocabulaires ; ils y trouveront peut-être quelque chose.

Celui de l'île des Pins contient la liste presque complète des plantes et des animaux calédoniens ; elle n'est pas longue car il y en a peu, tous sans venin.

C'est une bien petite parcelle de terre, mais il est bon quelquefois de prendre le microscope.

Nouméa, juin 1882.

FIN

TABLE DES MATIÈRES

FIN DE LA TABLE

Imprimerie de DESTENAY, à Saint-Amand, (Cher.)

www.ingramcontent.com/pod-product-compliance
Lightning Source LLC
Chambersburg PA
CBHW072223270326
41930CB00010B/1967